한국 데이터센터
관련 법령집

한국 데이터센터 관련 법령집

초판 1쇄 인쇄 2022년 7월 29일
초판 1쇄 발행 2022년 8월 5일

지은이 김선혜 · 김영후
펴낸이 권희동
펴낸곳 아띠북
디자인 김민주

출판신고 2020년 12월 1일
주소 10522 고양시 덕양구 무원로17 803-607
전화 031-974-5137
이메일 gogoi2002@hanamil.net

ISBN 979-11-972806-3-4 93320

한국 데이터센터
관련 법령집

KOREA DATA CENTER

김선혜·김영후 공저

아띠북

차례

시작에 앞서

데이터센터란 서버, 스토리지, 네트워크 등 각종 IT 서비스 제공에 필요한 장비들을 한 장소에 집적해 통합 관리하는 시설이다. 데이터센터는 4차 산업혁명의 주도기술로 부상한 ABC(AI, Big Data, Cloud)의 핵심 인프라로서 생산·저장·처리해야 할 데이터가 기하급수적으로 증가하는 정보기술 환경에서 안정적인 서비스를 제공하기 위하여 전세계적으로 그 규모 및 수요가 커졌다.

『한국 데이터센터 관련 법령집』은 대한민국 현행법령 중에서 데이터센터 관련 업무에 직간접적으로 적용되는 핵심 조문들을 발췌하여 수록한 책이다. 데이터센터 개발 실무자들이 데이터센터 사업 프로세스의 각 단계별로 관련된 핵심법령을 참조하여, 업무수행에 효율적·효과적으로 활용할 수 있도록 정리하였다.

본 책은 데이터센터 구축 및 운영의 법적 근거로서 지능정보화기본법, 개인정보보호법, 정보통신망법 등 기본 3법은 물론, 최근 시행된 데이터산업법을 비롯하여 그 밖에 적용할 수 있는 현행 관련 법령을 담고 있다.

『한국 데이터센터 관련 법령집』은 2022년 6월 기준의 현행 법령을 담고 있으며, 매 년 각 법령의 제정·개정·폐지된 사항을 반영하여 최신화할 예정입니다.

Ⅰ. 데이터센터의 정의

- 기업의 방대한 정보저장을 위한 서버, 네트워크 회선 등을 제공하여 데이터를 안정적으로 통합·관리하는 인프라 시설
- (지능정보화기본법 제40조) 지능정보서비스의 제공을 위하여 다수의 초연결지능정보통신기반을 일정한 공간에 집적시켜 통합 운영·관리하는 시설
- (집적정보 통신시설 보호지침 제2조) 정보통신서비스를 제공하기 위하여 컴퓨터장치 등 정보시스템을 구성하는 장비(ICT장비)를 일정한 공간(전산실)에 집중하여 관리하는 시설
- (방송통신위원회 – 고시 제2012-29) 정보통신서비스를 제공하기 위하여 컴퓨터장치 등 정보시스템 장비를 일정한 공간(이하 전산실)에 집중하여 관리하는 시설로서 주요시설(중앙감시실, 항온항습시설, 전산실, 전력감시실, 축전지설비, 자가발전설비, 수변전설비, 통신장비실 및 방재센터 등)을 포함하는 시설
- (한국데이터센터연합회) 서버·스토리지 등의 ICT 장비를 건물·공간에 중앙 집중식으로 집적시키고, 이를 통해 IT 서비스 제공에 필요한 장비를 통합·관리하여 24시간 365일 무중단으로 안정적인 서비스를 제공할 수 있도록 하는 시설
- (한국인터넷진흥원) 인터넷 데이터센터(IDC)란 기업의 인터넷 비즈니스를 물리적인 안정성과 네트워크 확장성을 갖추어 아웃소싱의 형태로 의뢰받아 서버와 네트워크를 제공하고 의뢰한 기업에서 생산된 콘텐츠를 일반 대중 및 사업자에게 인터

넷을 통해 전달해 주는 인터넷 인프라 서비스

- (삼성SDS) IT인프라 운영에 적합한 전용건물에 전기, 공조 등 기반설비를 갖추고, 안전하고 효율적으로 24×365일 서비스를 제공하는 곳
- (LG CNS) 중앙 집중식 컴퓨팅 환경 내에 위치한 메인프레임, 중형(Midrange)서버, 스토리지 환경, 데이터베이스 등을 운영, 관리 지원하는 서비스
- (SK주식회사) 중앙 집중식 컴퓨팅 환경 내에 위치한 각종 서버 및 장비들을 관리/운영하는 것으로, 모든 정보기술 기반 시설의 관리 및 운영을 통합하여 지원하는 서비스
- (Gartner) IT 지원 시스템과 데이터 저장소, 즉 메인프레임, 서버 및 데이터베이스를 보관하고 유지하는 시설

  Gartner defines a "data center" as the department in an enterprise that houses and maintains back-end information technology (IT) systems and data stores—its mainframes, servers and databases.

- (Wikipedia) 컴퓨터 시스템을 보관하여 원격통신이나 보관시스템 등의 구성 요소들을 조합하는 시설

  data center: a facility used to house computer systems and associated components, such as telecommunications and storage systems.

- (Oxforddictionaries) 일반적으로 원격 저장, 프로세싱 또는 많은 양의 데이터 분할을 위해 조직에서 사용되는 네트워크화한 컴퓨터 서버들

  a large group of networked computer servers typically used by organizations for the remote storage, processing, or distribution of large amounts of data.

- (WhatIs) 특정한 정보나 특정한 비즈니스에 관련되어 수집된 데이터와 정보의 저장, 관리, 전파를 위해 실질적 또는 가상적으로 존재하는 집중 저장소로 정의

  A data center (sometimes spelled datacenter) is a centralized repository, either physical or virtual, for the storage, management, and dissemination of data and information organized around a particular body of knowledge or pertaining to a particular business.

Ⅱ. 데이터센터 사업 프로세스

데이터센터 사업 프로세스

데이터센터 비즈니스 모델 프레임워크 구축

↓

사업타당성 분석스터디	부지선정 평가	기획설계	기본설계	인프라 건설
· 경영환경(시장) 분석 · 타켓 클라이언트 　적합성(규모/입지)평가 · Feasibility Study	· 환경영향 평가 · 대용량 전력 공급 　타당성 조사 · 방송통신시설 　적용 가능 법률 검토	· 전력 산정 & 신청 · 전력 & 설비 설계 · 가용성 평가 · 투자손익 산정	· 데이터센터 벨류체인 　세부 공정별 투자비 　산출 · 시공 세부스케줄 도출	· 인프라(토목/건축/전기) · 하드웨어(UPS/발전기/ 　항온·항습기)

↓

데이터센터 신뢰성 시험 &
데이터센터 가동·운영 안정화 종합모니터링

↓

데이터센터 실제 운영

본서는 현행 법령 중에서 데이터센터 비즈니스 모델을 구축을 위한 세부 프로세스에 적용되는 핵심 법령을 선별적으로 취합하여 수록하였습니다.

III. 데이터센터 관련 법령

1. 지능정보화 기본법

1) 지능정보화 기본법

[시행 2021. 6. 10.] [법률 제17344호, 2020. 6. 9., 전부개정]

과학기술정보통신부(정보통신정책과), **044-202-6123, 6119**

제40조(데이터센터의 구축 및 운영 활성화) ① 정부는 지능정보서비스의 제공을 위하여 다수의 초연결지능정보통신기반을 일정한 공간에 집적시켜 통합 운영·관리하는 시설(이하 "데이터센터"라 한다)의 안정적인 운영과 효율적인 제공 등을 위하여 데이터센터의 구축 및 운영 활성화 시책을 수립·시행할 수 있다.

② 과학기술정보통신부장관은 민간 데이터센터의 구축 및 운영 활성화 시책을 수립·시행하고 이에 필요한 지원을 할 수 있다.

③ 행정안전부장관은 정부 및 공공 부문의 데이터센터의 구축 및 운영 활성화 시책을 수립·시행하고, 민간 데이터센터를 이용하는 공공기관의 지능정보서비스의 안정성과 신뢰성 등을 높이기 위하여 필요한 지원을 할 수 있다.

④ 제1항부터 제3항까지의 규정에 따른 시책의 수립·시행과 지원 대상·방법 등에 관하여 필요한 사항은 대통령령으로 정한다.

2) 지능정보화 기본법 시행령

[시행 2022. 3. 8.] [대통령령 제32528호, 2022. 3. 8., 타법개정]

과학기술정보통신부(정보통신정책과), 044-202-6123, 6119
과학기술정보통신부(디지털포용정책팀), 044-202-6151
과학기술정보통신부(인공지능기반정책과), 044-202-6275

제26조(데이터센터의 구축 및 운영 활성화 시책) ① 과학기술정보통신부장관은 법 제40조제2항에 따라 민간 데이터센터(같은 조 제1항에 따른 데이터센터를 말한다. 이하 같다)의 구축 및 운영 활성화 시책을 수립하는 경우 다음 각 호의 사항을 포함시켜야 한다.

1. 정책방향 및 목표
2. 기반 조성 및 제도 개선에 관한 사항
3. 민간 데이터센터의 안정성, 신뢰성 및 에너지 효율성의 향상을 위한 기술개발 및 표준화에 관한 사항
4. 민간 데이터센터 관련 전문인력 양성에 관한 사항
5. 민간 데이터센터 관련 해외시장 진출 지원에 관한 사항
6. 민간 데이터센터의 정보자원의 통합 및 운영에 관한 사항
7. 그 밖에 민간 데이터센터의 구축 및 운영 활성화 시책에 포함시킬 필요가 있다고 과학기술정보통신부장관이 인정하는 사항

② 행정안전부장관은 법 제40조제3항에 따라 정부 및 공공 부

문의 데이터센터의 구축 및 운영 활성화 시책을 수립하는 경우에는 정부 및 공공 데이터센터 구축 및 운영 활성화를 위한 다음 각 호의 사항을 포함시켜야 한다.

1. 정책방향 및 목표
2. 정부 및 공공 부문 데이터센터의 안정성, 신뢰성 및 에너지 효율성의 향상에 관한 사항
3. 정부 및 공공 부문 데이터센터의 전문인력의 양성에 관한 사항
4. 정부 및 공공 부문 데이터센터 관련 해외시장 진출 지원에 관한 사항
5. 정부 및 공공 부문 데이터센터의 정보자원의 통합 및 운영에 관한 사항
6. 그 밖에 정부 및 공공 부문 데이터센터의 구축 및 운영 활성화 시책에 포함시킬 필요가 있다고 행정안전부장관이 인정하는 사항

제27조(민간 데이터센터에 대한 지원) ① 과학기술정보통신부장관은 민간 데이터센터가 다음 각 호의 요건을 모두 갖춘 경우에는 그 구축·운영에 법 제40조제2항에 따라 필요한 지원을 할 수 있다.

1. 전산실·전력시설 등 데이터센터의 정보 처리·가공 및 전력공급에 필수적인 시설로서 과학기술정보통신부령으로 정하는 시설을 갖출 것
2. 과학기술정보통신부령으로 정하는 규모 이상일 것

② 법 제40조제2항에 따른 민간 데이터센터 지원의 방법은 다

음 각 호와 같다.

1. 민간 데이터센터 구축 등에 필요한 비용 지원
2. 민간 데이터센터 관련 정보기술 및 장비 개발 등의 기술 지원
3. 민간 데이터센터의 안전성, 신뢰성 및 에너지 효율성 향상을 위한 기술 지원

3) 지능정보화 기본법 시행규칙

[시행 2021. 6. 10.] [과학기술정보통신부령 제73호, 2021. 6. 10., 일부개정]

과학기술정보통신부(정보통신정책과), 044-202-6123, 6119

제3조(민간 데이터센터의 시설 및 규모) ① 영 제27조제1항제1호에서 "과학기술정보통신부령으로 정하는 시설"이란 다음 각 호의 시설을 말한다.

1. 다음 각 목의 기준을 충족하는 전산실

    가. 서버와 스토리지 등의 정보통신장비를 갖출 것

    나. 소방설비와 폐쇄회로텔레비전(CCTV) 등 안전시설을 설치할 것

    다. 외부와 공간이 분리되어 외부인의 접근 통제가 가능할 것

2. 순간적인 정전, 전압 변동 등의 상황에도 안정적인 전력을 공급할 수 있는 수전(受電)·배전(配電) 설비와 무정전 전원장치 등 전력공급시설
3. 전산실 내부의 정보통신장비를 일정한 온도로 유지하기 위한 공기조화시설 또는 냉각시설

4. 30분 이상 정전이 발생할 경우 「지능정보화 기본법」(이하 "법"이라 한다) 제40조제2항에 따른 민간 데이터센터(이하 "민간 데이터센터"라 한다)의 전체 부하를 감당할 수 있는 자체 전력공급 능력을 갖춘 비상발전시설

② 제1항제2호부터 제4호까지의 규정에 해당하는 시설은 해당 시설의 개별 기능을 수행하는 설비에 장애가 발생하는 경우를 대비하여 정상적인 기능 수행을 보조하기 위한 예비설비를 갖추어야 한다.

③ 영 제27조제1항제2호에서 "대통령령으로 정하는 규모"란 다음 각 호의 어느 하나에 해당하는 면적을 확보하는 경우를 말한다.

1. 제1항제1호에 따른 시설의 바닥면적이 500㎡인 경우
2. 복층의 바닥면적 등을 고려하여 제1항제1호에 따른 시설의 바닥면적이 500㎡에 해당한다고 볼 수 있는 경우

2. 데이터센터 구축 및 운영 활성화를 위한 민간 데이터센터 필수시설 및 규모에 관한 고시

1) 데이터센터 구축 및 운영 활성화를 위한 민간 데이터센터 필수시설 및 규모에 관한 고시

[시행 2016. 6. 27.] [미래창조과학부고시 제2016-72호, 2016. 6. 27., 제정]

과학기술정보통신부(정보통신산업과), 044-202-6252

제1조(목적) 이 고시는 「국가정보화기본법 시행령」제19조의3 제1항 및 제2항에 따른 데이터센터 구축 등 민간 데이터센터의 필수적인 시설 및 규모를 규정함을 목적으로 한다.

제2조(필수시설) ① 「국가정보화기본법 시행령」(이하 '대통령령'이라고 한다.)제19조의3제1항제1호의 전산실·전력시설 등 데이터센터의 정보 처리·가공, 전력공급을 위해 필수적으로 갖추어야 하는 시설은 다음 각 호의 시설을 말한다.

  1. 전산실

    가. 서버, 스토리지 등의 정보통신장비와 함께 소방설비, CCTV 등을 구비하여 물리적 안정성이 보장되어야 한다.

나. 외부와 공간이 분리되어 접근 통제가 가능하여야 한다.

2. 전력공급시설

가. 정전, 전압 변동 등의 상황이 발생하더라도 데이터 센터에 안정적인 전력을 공급하기 위한 수·배전, 무정전전원장치 등을 구비해야 한다.

3. 공조시설

가. 전산실 내부를 일정한 온도 및 습도로 유지하기 위한 시설 또는 외기 냉방시설 등을 구비해야 한다.

4. 비상발전시설

가. 장시간 정전이 발생할 경우 데이터센터 전체부하를 감당할 수 있는 자체 전력공급 능력을 구비해야 한다.

② 제1항제2호부터 제4호까지 해당되는 시설은 각 기능을 수행하는 한 개(조)의 설비에 장애가 발생될 경우에 대비하여, 정상적인 기능 수행을 보조하기 위한 예비설비를 갖추어야 한다.

③ 제1항에 규정된 시설을 갖추고 있지 않을 경우라도, 기술발전에 따라 해당 시설에 준하는 기능 수행이 가능하다면 필수적인 시설을 충족한 것으로 본다.

제3조(규모) ① 대통령령 제19조의3제1항제2호의 규모는 해당 건축물 내 전산실 바닥면적이 500㎡ 이상이어야 한다.

② 제1항의 규정에도 불구하고, 서버 소형화 등 기술발전 또는

복층 등 건축물 구조 특성 등에 따라 해당 규모에 준하는 면적을 확보하는 경우 규모를 충족한 것으로 본다.

제4조(재검토기한) 미래창조과학부장관은 「훈령·예규 등의 발령 및 관리에 관한 규정」에 따라 이 고시에 대하여 2016년 6월 27일 기준으로 매 3년이 되는 시점(매 3년째의 6월 26일까지를 말한다)마다 그 타당성을 검토하여 개선 등의 조치를 하여야 한다.

부　칙 <제2016-72호, 2016.6.27.>
제1조(시행일) 이 고시는 고시한 날부터 시행한다.

3. 개인정보 보호법

1) 개인정보 보호법

[시행 2020. 8. 5.] [법률 제16930호, 2020. 2. 4., 일부개정]

개인정보보호위원회(개인정보보호정책과), 02-2100-3043

제30조(개인정보 처리방침의 수립 및 공개) ① 개인정보처리자는 다음 각 호의 사항이 포함된 개인정보의 처리 방침(이하 "개인정보 처리방침"이라 한다)을 정하여야 한다. 이 경우 공공기관은 제32조에 따라 등록대상이 되는 개인정보파일에 대하여 개인정보 처리방침을 정한다. <개정 2016. 3. 29., 2020. 2. 4.>

1. 개인정보의 처리 목적

2. 개인정보의 처리 및 보유 기간

3. 개인정보의 제3자 제공에 관한 사항(해당되는 경우에만 정한다)

3의2. 개인정보의 파기절차 및 파기방법(제21조제1항 단서에 따라 개인정보를 보존하여야 하는 경우에는 그 보존근거와 보존하는 개인정보 항목을 포함한다)

4. 개인정보처리의 위탁에 관한 사항(해당되는 경우에만 정한다)

5. 정보주체와 법정대리인의 권리·의무 및 그 행사방법에 관한 사항

6. 제31조에 따른 개인정보 보호책임자의 성명 또는 개인정보 보호

업무 및 관련 고충사항을 처리하는 부서의 명칭과 전화번호 등 연락처

7. 인터넷 접속정보파일 등 개인정보를 자동으로 수집하는 장치의 설치·운영 및 그 거부에 관한 사항(해당하는 경우에만 정한다)

8. 그 밖에 개인정보의 처리에 관하여 대통령령으로 정한 사항

② 개인정보처리자가 개인정보 처리방침을 수립하거나 변경하는 경우에는 정보주체가 쉽게 확인할 수 있도록 대통령령으로 정하는 방법에 따라 공개하여야 한다.

③ 개인정보 처리방침의 내용과 개인정보처리자와 정보주체 간에 체결한 계약의 내용이 다른 경우에는 정보주체에게 유리한 것을 적용한다.

④ 보호위원회는 개인정보 처리방침의 작성지침을 정하여 개인정보처리자에게 그 준수를 권장할 수 있다. <개정 2013. 3. 23., 2014. 11. 19., 2017. 7. 26., 2020. 2. 4.>

2) 개인정보 보호법 시행령

[시행 2022. 3. 8.] [대통령령 제32528호, 2022. 3. 8., 타법개정]

개인정보보호위원회(개인정보보호정책과), 02-2100-3043

제31조(개인정보 처리방침의 내용 및 공개방법 등) ① 법 제30조제1항제8호에서 "대통령령으로 정한 사항"이란 다음 각 호의 사항을

말한다. <개정 2016. 9. 29., 2020. 8. 4.>

1. 처리하는 개인정보의 항목
2. 삭제 <2020. 8. 4.>
3. 제30조 또는 제48조의2에 따른 개인정보의 안전성 확보 조치에 관한 사항

② 개인정보처리자는 법 제30조제2항에 따라 수립하거나 변경한 개인정보 처리방침을 개인정보처리자의 인터넷 홈페이지에 지속적으로 게재하여야 한다.

③ 제2항에 따라 인터넷 홈페이지에 게재할 수 없는 경우에는 다음 각 호의 어느 하나 이상의 방법으로 수립하거나 변경한 개인정보 처리방침을 공개하여야 한다.

1. 개인정보처리자의 사업장등의 보기 쉬운 장소에 게시하는 방법
2. 관보(개인정보처리자가 공공기관인 경우만 해당한다)나 개인정보처리자의 사업장등이 있는 시·도 이상의 지역을 주된 보급지역으로 하는 「신문 등의 진흥에 관한 법률」 제2조제1호가목·다목 및 같은 조 제2호에 따른 일반일간신문, 일반주간신문 또는 인터넷신문에 싣는 방법
3. 같은 제목으로 연 2회 이상 발행하여 정보주체에게 배포하는 간행물·소식지·홍보지 또는 청구서 등에 지속적으로 싣는 방법
4. 재화나 용역을 제공하기 위하여 개인정보처리자와 정보주체가 작성한 계약서 등에 실어 정보주체에게 발급하는 방법

4. 데이터 산업진흥 및 이용촉진에 관한 기본법

(약칭: 데이터산업법)

1) 데이터 산업진흥 및 이용촉진에 관한 기본법
(약칭: 데이터산업법)

[시행 2022. 4. 20.] [법률 제18475호, 2021. 10. 19., 제정]

과학기술정보통신부(데이터진흥과), 044-202-6291

제1장 총칙

제1조(목적) 이 법은 데이터의 생산, 거래 및 활용 촉진에 관하여 필요한 사항을 정함으로써 데이터로부터 경제적 가치를 창출하고 데이터산업 발전의 기반을 조성하여 국민생활의 향상과 국민경제의 발전에 이바지함을 목적으로 한다.

제2조(정의) 이 법에서 사용하는 용어의 뜻은 다음과 같다.

1. "데이터"란 다양한 부가가치 창출을 위하여 관찰, 실험, 조사, 수집 등으로 취득하거나 정보시스템 및 「소프트웨어 진흥법」 제2조 제1호에 따른 소프트웨어 등을 통하여 생성된 것으로서 광(光) 또는 전자적 방식으로 처리될 수 있는 자료 또는 정보를 말한다.

2. "공공데이터"란 「공공데이터의 제공 및 이용 활성화에 관한 법률」 제2조제2호에 따른 공공데이터를 말한다.

3. "민간데이터"란 국가기관, 지방자치단체 또는 공공기관(「지능정보화 기본법」 제2조제16호에 따른 공공기관을 말한다. 이하 같다)이 아닌 자가 생성 또는 취득하여 관리하고 있는 데이터를 말한다.

4. "데이터생산자"란 데이터의 생성·가공·제작 등과 관련된 경제활동을 하는 자를 말한다.

5. "데이터산업"이란 경제적 부가가치를 창출하기 위하여 데이터의 생산·유통·거래·활용 등 일련의 과정과 관련된 행위와 이와 관련되는 서비스를 제공하는 산업을 말한다.

6. "데이터사업자"란 데이터산업을 영위하는 자를 말한다.

7. "데이터거래사업자"란 데이터사업자 중 데이터를 직접 판매하거나 데이터를 판매하고자 하는 자와 구매하고자 하는 자 사이의 거래를 알선하는 것을 업으로 하는 자를 말한다.

8. "데이터분석제공사업자"란 데이터사업자 중 데이터를 수집·결합·가공하여 통합·분석한 정보를 제공하는 행위를 업으로 하는 자를 말한다.

제3조(국가 등의 책무) ① 국가와 지방자치단체는 데이터 생산, 거래 및 활용 촉진을 위한 기반을 조성하기 위하여 노력하여야 한다.

② 국가와 지방자치단체는 데이터 생산, 거래 및 활용 촉진에 필요한 범위에서 데이터의 국내외 이동이 이루어질 수 있도록 할 수 있다.

③ 국가와 지방자치단체는 민간부문의 창의정신을 존중하고 시장중심의 의사형성이 가능하도록 노력하여야 한다.

④ 국가와 지방자치단체는 「지식재산 기본법」 제3조제3호에 따른 지식재산권 및 「개인정보 보호법」 제2조제1호에 따른 개인정보의 활용과 보호를 위하여 노력하여야 한다.

⑤ 국가와 지방자치단체는 데이터산업 관련 대기업과 중소기업 및 벤처기업 간의 상생협력과 조화로운 발전을 위하여 노력하여야 한다.

⑥ 국가와 지방자치단체는 데이터 생산, 거래 및 활용 촉진에 걸림돌이 되는 규제를 최소화하도록 노력하여야 한다.

제4조(기본계획) ① 정부는 데이터 생산, 거래 및 활용을 촉진하고 데이터산업의 기반을 조성하기 위하여 3년마다 관계 중앙행정기관의 장과 협의를 거쳐 데이터산업 진흥 기본계획(이하 "기본계획"이라 한다)을 수립하여야 한다.

② 기본계획은 제6조에 따른 국가데이터정책위원회의 심의를 거쳐 확정된다.

③ 기본계획에는 다음 각 호의 사항이 포함되어야 한다. 이 경우 공공데이터의 생성, 수집, 관리, 활용 촉진에 관한 사항에 대해서는 「공공데이터의 제공 및 이용 활성화에 관한 법률」 및 「데이터기반행정 활성화에 관한 법률」에 따라 수립된 기본계획

을 반영한다.

1. 데이터의 생산, 거래 및 활용 촉진을 위한 시책의 기본 방향
2. 데이터의 생산 및 보호에 관한 사항
3. 데이터 거래 촉진에 관한 사항
4. 데이터의 활용 활성화에 관한 사항
5. 데이터 전문인력의 양성에 관한 사항
6. 데이터산업의 기반 조성에 관한 사항
7. 데이터산업 관련 창업 및 성장 지원 등 데이터사업자 및 데이터
   전문기업의 육성과 제31조에 따른 중소기업자에 대한 특별지원
   에 관한 사항
8. 데이터산업 관련 국제협력지원에 관한 사항
9. 다른 법률에 따라 수립·운영되는 데이터 관련 계획에 관한 사항
10. 그 밖에 데이터산업의 진흥을 위하여 대통령령으로 정하는 사항

④ 제1항부터 제3항까지에서 규정한 사항 외에 기본계획의 수립·추진 등에 필요한 사항은 대통령령으로 정한다.

제5조(시행계획) ① 과학기술정보통신부장관은 기본계획에 따라 연차별 데이터산업 진흥 시행계획(이하 "시행계획"이라 한다)을 수립하여야 한다. 이 경우 공공데이터에 관한 사항에 대해서는 행정안전부장관과 협의하여야 한다.

② 시행계획은 제6조에 따른 국가데이터정책위원회의 심의를 거쳐 확정된다.

③ 과학기술정보통신부장관은 관계 중앙행정기관의 장 또는 지방자치단체의 장에게 제1항에 따른 시행계획의 수립에 필요한 자료를 요청할 수 있다.

④ 제1항부터 제3항까지에서 규정한 사항 외에 시행계획의 수립·추진 등에 필요한 사항은 대통령령으로 정한다.

제6조(국가데이터정책위원회) ① 데이터 생산, 거래 및 활용 촉진에 관한 다음 각 호의 사항을 심의하기 위하여 국무총리 소속으로 국가데이터정책위원회(이하 이 장에서 "위원회"라 한다)를 둔다.

1. 기본계획 및 시행계획의 수립·추진에 관한 사항
2. 데이터 생산, 거래 및 활용과 관련된 정책 및 제도 개선에 관한 사항
3. 데이터산업 진흥 정책 및 다른 법률에 따라 수립·운영되는 데이터산업 진흥 관련 계획의 총괄 및 조정에 관한 사항
4. 기본계획 및 시행계획의 주요 시책에 대한 집행실적의 평가 및 점검에 관한 사항
5. 그 밖에 위원장이 필요하다고 인정하는 사항

② 위원회는 위원장 1명을 포함한 30명 이내의 위원으로 구성한다.

③ 위원장은 국무총리가 되고, 위원은 다음 각 호의 사람으로 한다.

1. 기획재정부장관·교육부장관·과학기술정보통신부장관·행정안전부장관·문화체육관광부장관·산업통상자원부장관·보건복지

부장관·고용노동부장관·국토교통부장관·중소벤처기업부장관·방송통신위원회 위원장·공정거래위원회 위원장·금융위원회 위원장·개인정보보호위원회 위원장

2. 데이터산업에 관한 전문지식과 경험이 풍부한 사람 중에서 위원장이 위촉하는 사람

④ 제3항제2호에 따른 위원의 임기는 2년으로 하고, 한 차례만 연임할 수 있다.

⑤ 위원회에 간사위원 2명을 두되, 간사위원은 과학기술정보통신부장관과 행정안전부장관이 된다.

⑥ 위원회의 활동을 지원하고 행정사무를 처리하기 위하여 과학기술정보통신부에 사무국을 둘 수 있다.

⑦ 제1항부터 제6항까지에서 규정한 사항 외에 위원회와 사무국의 구성 및 운영에 필요한 사항은 대통령령으로 정한다.

제7조(다른 법률과의 관계) ① 데이터 생산, 거래 및 활용 촉진에 관하여 다른 법률에 특별한 규정이 있는 경우를 제외하고는 이 법으로 정하는 바에 따른다.

② 개인정보, 저작권 및 공공데이터에 관하여는 각각 「개인정보 보호법」, 「저작권법」, 「공공데이터의 제공 및 이용 활성화에 관한 법률」 등 다른 법률에서 정하는 바에 따른다.

정부는 데이터 생산, 거래 및 활용 촉진과 데이터산업의 진흥에

필요한 재원 마련을 위하여 노력하여야 한다.

제2장 데이터 생산·활용 및 보호

제9조(데이터의 생산 활성화) ① 정부는 다양한 분야와 형태의 데이터와 데이터상품이 생산될 수 있는 환경을 조성하여야 하며, 데이터생산자의 전문성을 높이고 경쟁력을 강화하기 위한 시책을 마련하여야 한다.

② 정부는 데이터생산자에게 데이터 생산에 필요한 재정적·기술적 지원을 할 수 있다.

③ 정부는 인력·시설·자재·자금 및 정보 등의 공동활용을 통한 데이터 또는 데이터상품의 개발·연구를 촉진할 수 있는 제도적 기반을 구축하기 위하여 노력하여야 한다.

④ 관계 중앙행정기관의 장은 대통령령으로 정하는 바에 따라 제1항에 따라 마련된 분야별·형태별 데이터 생산 활성화 시책을 시행계획에 반영하여야 한다.

제10조(데이터 결합 촉진) ① 과학기술정보통신부장관과 행정안전부장관은 데이터 간의 결합을 통해 새로운 데이터의 생산을 촉진하기 위하여 산업 간의 교류 및 다른 분야와의 융합기반 구축 등에 필요한 시책을 마련하여 추진하여야 한다.

② 과학기술정보통신부장관과 행정안전부장관은 공공데이터

와 민간데이터의 결합 촉진을 위한 교류 및 협력 방안 등을 마련하여야 한다.

③ 과학기술정보통신부장관은 제1항 및 제2항에 따른 데이터 결합을 촉진하기 위하여 다음 각 호의 사항을 지원할 수 있다.

1. 국내외 연구기관·대학 및 기업 간의 연계 교육 프로그램의 개발과 시행
2. 산업 간 데이터 전문인력의 교류 활성화
3. 결합 데이터의 거래·활용을 위한 사업
4. 관련 사업을 실시하는 자에 대한 자금
5. 그 밖에 데이터 결합 및 융합 활성화에 필요한 사항

④ 제1항에 따른 시책 마련 및 추진의 내용, 제2항에 따른 교류 및 협력 방안, 제3항에 따른 지원 등에 필요한 사항은 대통령령으로 정한다.

제11조(데이터안심구역 지정) ① 과학기술정보통신부장관과 관계 중앙행정기관의 장은 누구든지 데이터를 안전하게 분석·활용할 수 있는 구역(이하 "데이터안심구역"이라 한다)을 지정하여 운영할 수 있다.

② 과학기술정보통신부장관과 중앙행정기관의 장은 데이터안심구역 이용을 지원하기 위하여 미개방데이터, 분석 시스템 및 도구 등을 지원할 수 있다.

③ 과학기술정보통신부장관과 관계 중앙행정기관의 장은 제2항에 따른 미개방데이터 지원을 위하여 필요한 경우에는 정부 및 지방자치단체, 공공기관, 민간법인 등에 데이터 제공을 요청할 수 있다.

④ 과학기술정보통신부장관과 중앙행정기관의 장은 제3항에 따른 데이터 제공에 필요한 기술적·재정적 지원을 할 수 있다.

⑤ 과학기술정보통신부장관과 관계 중앙행정기관의 장은 데이터안심구역에 대한 제3자의 불법적인 접근, 데이터의 변경·훼손·유출 및 파괴, 그 밖의 위험에 대하여 대통령령으로 정하는 바에 따라 기술적·물리적·관리적 보안대책을 수립·시행하여야 한다.

⑥ 제1항부터 제5항까지에서 규정한 사항 외에 데이터안심구역의 지정 및 운영 등에 필요한 사항은 대통령령으로 정한다.

제12조(데이터자산의 보호) ① 데이터생산자가 인적 또는 물적으로 상당한 투자와 노력으로 생성한 경제적 가치를 가지는 데이터(이하 "데이터자산"이라 한다)는 보호되어야 한다.

② 누구든지 제1항에 따른 데이터자산을 공정한 상거래 관행이나 경쟁질서에 반하는 방법으로 무단 취득·사용·공개하거나 이를 타인에게 제공하는 행위, 정당한 권한 없이 데이터자산에 적용한 기술적 보호조치를 회피·제거 또는 변경하는 행위 등

데이터자산을 부정하게 사용하여 데이터생산자의 경제적 이익을 침해하여서는 아니 된다.

③ 제2항에 따른 데이터자산의 부정사용 등 행위에 관한 사항은 「부정경쟁방지 및 영업비밀보호에 관한 법률」에서 정한 바에 따른다.

제13조(데이터를 활용한 정보분석 지원) ① 정부는 데이터 기반의 정보분석을 활성화하기 위하여 데이터의 수집, 가공 등 정보분석에 필요한 사업을 지원할 수 있다.

② 정보분석을 위하여 데이터를 이용하는 경우에 그 데이터에 포함된 「저작권법」 제2조제7호에 따른 저작물등의 보호와 이용에 관하여는 같은 법에서 정하는 바에 따른다.

제3장 데이터 이용 활성화

제14조(가치평가 지원 등) ① 과학기술정보통신부장관은 데이터에 대한 객관적인 가치평가를 촉진하기 위하여 데이터(공공데이터는 제외한다. 이하 이 조에서 같다) 가치의 평가 기법 및 평가 체계를 수립하여 이를 공표할 수 있다.

② 과학기술정보통신부장관은 제1항에 따른 평가 기법 및 평가 체계가 데이터 관련 거래·금융 등에 활용될 수 있도록 지원하여야 한다.

③ 과학기술정보통신부장관은 유통되는 데이터에 대한 가치평가를 전문적·효율적으로 하기 위하여 가치평가기관(이하 "평가기관"이라 한다)을 지정할 수 있다.

④ 데이터에 관한 가치평가를 받으려는 자는 제3항에 따라 지정된 평가기관에 신청할 수 있다.

⑤ 제4항에 따라 가치평가 신청을 받은 평가기관은 데이터에 대하여 가치평가를 하고 그 결과를 신청한 자에게 지체 없이 통보하여야 한다.

⑥ 평가기관은 경영·영업상 비밀의 유지 등 대통령령으로 정하는 특별한 사유가 있는 경우 외에는 해당 연도의 가치평가 정보를 다음 연도 1월 말까지 과학기술정보통신부장관에게 통보하여야 한다.

⑦ 평가기관의 장은 다음 각 호의 사항에 관하여 과학기술정보통신부장관과 협의하여야 한다.

 1. 평가 대상
 2. 평가 범위
 3. 평가 수수료

⑧ 평가기관의 지정기준·지정절차, 가치평가의 신청절차 등에 관하여 필요한 사항은 대통령령으로 정한다.

제15조(데이터 이동의 촉진) 정부는 데이터의 생산, 거래 및 활용

촉진을 위하여 데이터를 컴퓨터 등 정보처리장치가 처리할 수 있는 형태로 본인 또는 제3자에게 원활하게 이동시킬 수 있는 제도적 기반을 구축하도록 노력하여야 한다.

제16조(데이터사업자의 신고) ① 다음 각 호의 사업자는 과학기술 정보통신부장관에게 신고하여야 한다. 신고한 사항을 변경하는 경우에도 또한 같다.

1. 데이터거래사업자
2. 데이터분석제공사업자

② 과학기술정보통신부장관 및 관계 중앙행정기관의 장은 제1항에 따라 신고한 사업자에 대하여 필요한 재정적·기술적 지원 등을 할 수 있다.

③ 제1항에 따른 신고 기준 및 절차 등에 관하여 필요한 사항은 과학기술정보통신부령으로 정한다.

제17조(공정한 유통환경 조성 등) ① 과학기술정보통신부장관은 데이터를 거래함에 있어서 대기업과 중소기업 간의 공정한 경쟁 환경을 조성하고 상호 협력을 촉진하여야 한다.

② 데이터사업자 중 대통령령으로 정하는 자는 합리적인 이유 없이 데이터에 관한 지식재산권의 일방적인 양도 요구 등 그 지위를 이용하여 불공정한 계약을 강요하거나 부당한 이득을 취

득하여서는 아니 된다.

③ 과학기술정보통신부장관은 데이터사업자가 제2항을 위반하는 행위를 한다고 인정할 때에는 관계 기관의 장에게 필요한 조치를 할 것을 요청할 수 있다.

④ 과학기술정보통신부장관은 데이터 거래 시장의 공정한 경쟁 환경을 조성하기 위하여 다음 각 호의 사업을 할 수 있다.

1. 데이터 거래 시장에 관한 현황 분석 및 평가
2. 데이터 거래 관련 사업자 등이 참여하는 협의체의 구성 및 운영
3. 표준계약서 사용에 관한 실태조사
4. 그 밖에 공정한 경쟁 환경을 조성하기 위하여 필요한 사업

제4장 데이터 유통·거래 촉진

제18조(데이터 유통 및 거래 체계 구축) ① 과학기술정보통신부장관은 데이터 유통 및 거래를 활성화하기 위하여 데이터 유통 및 거래 체계를 구축하고, 데이터 유통 및 거래 기반 조성을 위하여 필요한 지원을 할 수 있다.

② 과학기술정보통신부장관은 데이터 유통과 거래를 촉진하기 위하여 데이터유통시스템을 구축·운영할 수 있다.

③ 제1항에 따른 데이터 유통 및 거래 기반 조성 지원을 위하여 필요한 방법 및 기준과 제2항에 따른 데이터유통시스템의 운영 등에 필요한 사항은 대통령령으로 정한다.

제19조(데이터 플랫폼에 대한 지원) ① 정부는 데이터의 수집·가공·분석·유통 및 데이터에 기반한 서비스를 제공하는 플랫폼을 지원하는 사업을 할 수 있다.

② 제1항에 따른 지원사업의 방법, 내용, 범위 등 필요한 내용은 대통령령으로 정한다.

제20조(데이터 품질관리 등) ① 과학기술정보통신부장관은 데이터의 품질향상을 위하여 행정안전부장관과 협의하여 품질인증 등 품질관리에 필요한 사업을 추진할 수 있다.

② 과학기술정보통신부장관은 제1항에 따라 품질관리에 필요한 사업을 실시하는 자에게 소요되는 자금의 전부 또는 일부를 지원할 수 있다.

③ 과학기술정보통신부장관은 제1항에 따른 데이터 품질인증을 실시하기 위하여 인증기관을 지정할 수 있다.

④ 제3항에 따라 지정받은 인증기관은 데이터 품질인증 신청을 받은 경우 대통령령으로 정하는 품질기준 등에 따라 품질인증을 하여야 한다.

⑤ 제1항부터 제4항까지에서 규정한 사항 외에 품질인증의 대상, 인증기관의 지정 요건, 품질기준 및 품질관리 등에 필요한 사항은 대통령령으로 정한다.

제21조(표준계약서) ① 과학기술정보통신부장관은 데이터의 합리적 유통 및 공정한 거래를 위하여 공정거래위원회와 협의를 거쳐 표준계약서를 마련하고, 데이터사업자에게 그 사용을 권고할 수 있다.

② 과학기술정보통신부장관은 제1항에 따른 표준계약서를 제정 또는 개정하는 경우에는 관련 사업자단체 등 이해관계자와 전문가의 의견을 들어야 한다.

제22조(자료 제출 요청) 과학기술정보통신부장관 및 관계 중앙행정기관의 장은 데이터산업의 진흥을 위하여 데이터거래사업자, 데이터분석제공사업자에게 기술인력, 사업 수행실적 등의 자료 제출을 요청할 수 있다.

제23조(데이터거래사 양성 지원) ① 데이터 거래에 관한 전문지식이 있는 사람은 과학기술정보통신부장관에게 데이터거래사로 등록할 수 있다.

② 제1항에 따라 데이터거래사로 등록하려는 사람은 대통령령으로 정하는 데이터 거래의 경력 및 자격 등의 기준을 갖추어 대통령령으로 정하는 교육을 받아야 한다.

③ 제1항에 따라 등록한 사람은 데이터 거래에 관한 전문적인 상담·자문·지도 업무 및 데이터 거래의 중개·알선 등 데이터

거래 등을 지원하는 업무를 수행한다.

④ 과학기술정보통신부장관은 데이터거래사가 다음 각 호의 어느 하나에 해당하면 그 등록을 취소할 수 있다. 다만, 제1호에 해당하면 그 등록을 취소하여야 한다.

1. 거짓이나 그 밖의 부정한 방법으로 등록을 한 경우
2. 거짓이나 그 밖의 부정한 방법으로 제3항에 따른 업무를 수행한 경우
3. 다른 사람으로 하여금 자기의 등록 명의를 사용하게 한 경우

⑤ 과학기술정보통신부장관은 제25조에 따른 데이터 전문인력 양성 시책에 수반하여 데이터거래사에게 데이터 거래 업무의 수행에 필요한 정보 제공 및 교육 등 필요한 지원을 할 수 있다.

제5장 데이터산업의 기반 조성

제24조(창업 등의 지원) ① 정부는 데이터 기반 산업을 활성화하고 기업의 데이터 생산, 거래 및 활용에 관한 역량을 강화하기 위하여 다음 각 호의 지원을 할 수 있다.

1. 데이터 기반 상품·서비스의 개발을 위한 추진과제의 발굴·실행 및 테스트베드의 운영
2. 데이터 기반 기업의 기술역량 강화를 위한 교육 프로그램의 실행
3. 데이터산업 투자생태계 활성화를 위한 지원
4. 데이터 관련 분야 예비창업자, 창업자 또는 기업을 위한 상담과 관련된 사무의 지원
5. 데이터 기반의 우수한 아이디어의 발굴 및 사업화 지원
6. 그 밖에 대통령령으로 정하는 사항

② 정부는 데이터의 생산, 거래 및 활용 등과 관련한 기술을 보유한 데이터 전문기업의 육성을 위하여 노력하여야 한다.

제25조(전문인력의 양성) ① 과학기술정보통신부장관과 행정안전부장관은 데이터 전문인력을 양성하기 위하여 다음 각 호의 사항의 시책을 마련하여야 한다.

1. 데이터 전문인력 양성을 위한 정책의 기본방향 및 전문인력의 활용 방안
2. 데이터 전문인력 교육·훈련 프로그램의 개발 및 활용에 관한 방안
3. 데이터 전문인력의 양성을 위한 학계, 산업계 및 공공기관과의 협

력 방안

4. 데이터 전문인력의 고용창출 및 고용연계 지원 방안

5. 데이터 관련 직무표준의 마련 및 자격·신직종의 정착 지원 방안

② 과학기술정보통신부장관과 행정안전부장관은 제1항의 시책에 따라 실시하는 교육 및 훈련이 「자격기본법」 제6조의 자격체제에 부합하도록 노력하여야 한다.

③ 과학기술정보통신부장관은 대통령령으로 정하는 바에 따라 대학·연구기관 그 밖의 전문기관을 데이터 전문인력 양성기관으로 지정하고, 교육 및 훈련에 필요한 사항을 지원할 수 있다.

④ 제3항에 따라 지정된 양성기관이 실시하는 데이터 전문인력 양성 교육 및 훈련이 「국민 평생 직업능력 개발법」에 따른 직업능력개발훈련에 해당하는 경우 국가는 관련법에 따라 훈련비용을 지원한다.

⑤ 제3항에 따른 양성기관의 지정, 운영 및 지정 취소 등에 필요한 사항은 대통령령으로 정한다.

제26조(기술개발의 촉진 및 시범사업 지원) ① 과학기술정보통신부장관은 데이터의 생산·거래 및 활용에 관한 기술개발의 추진과 관련하여 민간 부문의 데이터 관련 기술 연구개발을 활성화하고 연구개발투자의 확대를 유도하기 위한 지원시책을 세우고 추진하여야 한다.

② 제1항에 따른 시책에는 다음 각 호에 관한 사항이 포함되어야 한다.

1. 기술의 발전목표 및 산업에의 적용 방안
2. 기술개발 촉진을 위한 투자 재원의 확보
3. 기술개발을 위한 연구개발사업의 추진과 산업계·학계·공공기관 간의 협동연구 및 학제 간 연구의 촉진 방안
4. 기술 연구인력·시설 및 정보 등 연구기반의 확충
5. 국제협력의 촉진
6. 연구성과의 확산 및 기술이전

제27조(실태조사) ① 과학기술정보통신부장관은 데이터 거래 및 활용 기반 산업을 촉진하고, 이 법에 따른 시책 및 계획을 효율적으로 수립·추진하기 위하여 매년 데이터 산업 기반 및 데이터 대상 거래 현황 및 실태에 대한 조사를 실시하고 그 결과를 공표할 수 있다.

② 과학기술정보통신부장관은 제1항의 실태조사를 위하여 필요한 때에는 관계 중앙행정기관의 장, 지방자치단체의 장 또는 공공기관의 장에게 관련 자료(공공데이터에 관한 사항은 제외한다)를 요청할 수 있다. 이 경우 자료를 요청받은 관계 중앙행정기관의 장 등은 특별한 사정이 없으면 요청에 따라야 한다.

③ 과학기술정보통신부장관은 데이터사업자나 그 밖의 관련 기관 또는 단체에 대하여 제1항의 실태조사를 위하여 필요한

사항에 대한 협조를 요청할 수 있다.

④ 과학기술정보통신부장관은 대통령령으로 정하는 전문기관에 제1항에 따른 실태조사를 의뢰할 수 있다.

⑤ 제1항에 따른 실태조사의 범위와 방법 및 그 밖에 필요한 사항은 대통령령으로 정한다.

제28조(표준화의 추진) ① 과학기술정보통신부장관은 행정안전부장관과 협의하여 데이터의 호환성을 확보함으로써 각종 상품과 서비스에서의 데이터의 결합, 거래 및 활용을 촉진하기 위하여 다음 각 호의 사항에 대한 표준화 기준을 마련하여 고시할 수 있다. 다만, 「산업표준화법」에 따른 한국산업표준이 제정되어 있는 사항에 대하여는 그 표준에 따르며, 한국산업표준의 제정·개정 등을 추진할 경우에는 같은 법에서 정하는 바에 따른다.

1. 데이터의 저장 형태 및 이전 방식
2. 데이터의 분류 체계
3. 그 밖에 데이터의 결합, 거래 및 활용을 위하여 필요한 사항

② 과학기술정보통신부장관은 데이터의 표준화를 위한 조사·연구·개발, 국제표준화기구와의 협력체계 구축 등 데이터 표준화에 필요한 사업을 추진할 수 있다.

제29조(국제협력 촉진) 과학기술정보통신부장관은 데이터산업의 국제적인 동향을 파악하고 외국정부, 국제기구 또는 외국의 기업·단체와의 국제협력을 촉진하여야 한다.

제30조(세제지원 등) ① 국가 또는 지방자치단체는 데이터산업의 촉진을 위하여 관련 사업의 수행과 관련한 국세 또는 지방세를 「조세특례제한법」, 「지방세특례제한법」 및 그 밖에 조세 관계 법률 및 조례로 정하는 바에 따라 감면할 수 있다.
② 국가 또는 지방자치단체는 이 법의 목적을 달성하기 위하여 필요하면 대통령령으로 정하는 경우에 한정하여 데이터사업자에게 보조금을 지급하거나 장기대부를 할 수 있다.
③ 과학기술정보통신부장관은 제1항 및 제2항의 조치와 관련하여 행정상 필요한 지원을 할 수 있다.

제31조(중소기업자에 대한 특별지원) ① 이 법에 따라 데이터산업과 관련한 각종 지원시책을 시행할 때에는 「중소기업기본법」 제2조의 중소기업자(이하 이 조에서 "중소기업자"라 한다)를 우선 고려하여야 한다.
② 정부는 데이터산업에 대한 중소기업자의 참여 활성화를 위하여 노력하여야 하며, 이와 관련한 사항을 시행계획에 반영하여야 한다.

③ 과학기술정보통신부장관은 데이터산업의 진흥을 위하여 중소기업자에게 데이터의 거래 및 가공 등에 필요한 비용의 일부를 지원하는 사업을 할 수 있다.

④ 정부는 중소기업자인 데이터사업자에 대하여 경영·기술·재무·회계·인사 등의 개선을 위한 컨설팅 지원을 할 수 있다.

제32조(전문기관의 지정·운영) ① 정부는 데이터산업 전반의 기반 조성 및 관련 산업의 육성을 효율적으로 지원하기 위하여 필요한 때에는 그 업무를 전문적으로 수행할 기관(이하 이 조에서 "전문기관"이라 한다)을 지정할 수 있다.

② 전문기관은 이 법 또는 다른 법령에서 전문기관의 업무로 정하거나 전문기관에 위탁한 사업과 데이터 유통·활용 촉진 및 산업 기반 조성에 필요한 사업을 할 수 있다.

③ 정부는 데이터산업 전반의 기반 조성 및 관련 산업의 육성과 관련된 업무를 수행하는 데 필요한 자금의 전부 또는 일부를 전문기관에 출연하거나 융자 등을 할 수 있다.

④ 전문기관의 지정 및 운영 등에 관하여 필요한 사항은 대통령령으로 정한다.

제33조(협회의 설립) ① 데이터사업자는 데이터산업 관련 업무 개선, 기술개발 협력 및 데이터 거래 및 활용 문화의 발전 등을

위하여 대통령령으로 정하는 바에 따라 과학기술정보통신부장관의 인가를 받아 협회를 설립할 수 있다.

② 협회는 법인으로 하며, 협회에 관하여 이 법에서 규정한 것을 제외하고는 「민법」 중 사단법인에 관한 규정을 준용한다.

③ 협회 회원의 자격과 임원에 관한 사항, 협회의 업무 등은 정관으로 정하며, 그 밖에 정관에 포함하여야 할 사항은 대통령령으로 정한다.

④ 과학기술정보통신부장관은 제1항에 따른 인가를 하였을 때에는 그 사실을 공고하여야 하며, 대통령령으로 정하는 바에 따라 이 법이 정하는 업무의 일부를 협회에 위탁할 수 있다.

제6장 분쟁조정

제34조(데이터분쟁조정위원회 설치 및 구성) ① 데이터 생산, 거래 및 활용에 관한 분쟁을 조정하기 위하여 데이터분쟁조정위원회(이하 이 장에서 "위원회"라 한다)를 둔다. 다만, 공공데이터의 제공거부 및 제공중단과 관련한 분쟁은 「공공데이터의 제공 및 이용 활성화에 관한 법률」 및 「데이터기반행정 활성화에 관한 법률」에 따르고, 개인정보와 관련한 분쟁은 「개인정보 보호법」에 따르며, 저작권에 관련한 분쟁은 「저작권법」에 따른다.

② 위원회는 위원장 1명을 포함하여 15명 이상 50명 이하의 위원으로 구성한다.

③ 위원은 다음 각 호의 어느 하나에 해당하는 사람 중에서 과학기술정보통신부장관이 임명하거나 위촉하며, 위원장은 위원 중에서 호선(互選)한다.

1. 대학이나 공인된 연구기관에서 부교수급 이상 또는 이에 상당하는 직(職)에 있거나 있었던 사람으로서 데이터 생산, 거래 및 활용 관련 분야를 전공한 사람
2. 4급 이상 공무원(고위공무원단에 속하는 일반직공무원을 포함한다) 또는 이에 상당하는 공공기관의 직에 있거나 있었던 사람으로서 데이터 생산, 거래 및 활용 관련 업무에 관한 경험이 있는 사람
3. 판사·검사 또는 변호사의 자격이 있는 사람
4. 「비영리민간단체 지원법」 제2조에 따른 비영리민간단체 중 데이터 분야와 관련된 단체로부터 추천을 받은 사람
5. 그 밖에 데이터 생산, 거래 및 활용과 분쟁조정에 관한 학식과 경험이 있는 사람

④ 위원은 비상임으로 하고, 위원의 임기는 3년으로 하며, 한 차례만 연임할 수 있다.

⑤ 위원은 다음 각 호의 어느 하나에 해당하는 경우를 제외하고는 그의 의사에 반하여 면직되거나 해촉되지 아니한다.

1. 자격정지 이상의 형을 선고받은 경우
2. 심신장애로 인하여 직무를 수행할 수 없게 된 경우
3. 직무와 관련된 비위사실이 있는 경우
4. 직무태만이나 품위손상으로 인하여 위원으로 적합하지 아니하다

고 인정되는 경우

5. 제36조제1항 각 호의 어느 하나 또는 같은 조 제2항 전단에 해당하는 데에도 불구하고 회피하지 아니한 경우

⑥ 위원회의 업무를 지원하기 위하여 필요한 경우 사무국을 둘 수 있다.

⑦ 제1항부터 제6항까지에서 규정한 사항 외에 위원회의 구성 및 운영 등에 필요한 사항은 대통령령으로 정한다.

제35조(분쟁의 조정) ① 데이터 생산, 거래 및 활용과 관련한 피해의 구제와 분쟁의 조정을 받으려는 자는 위원회에 분쟁의 조정을 신청할 수 있다. 다만, 다른 법률에 따라 분쟁조정이 완료된 경우는 제외한다.

② 조정은 3명 이내의 위원으로 구성된 조정부(이하 "조정부"라 한다)에서 행한다. 다만, 위원회에서 조정하기로 의결한 사건의 경우에는 위원회에서 행한다.

③ 조정부의 위원은 사건마다 각각 위원회의 위원 중에서 위원장이 지명하되, 제34조제3항제3호에 해당하는 사람이 1명 이상 포함되어야 한다.

④ 위원회 또는 조정부는 제1항에 따른 분쟁조정 신청을 받은 날부터 45일 이내에 조정안을 작성하여 분쟁당사자(이하 "당사자"라 한다)에게 권고하여야 한다. 다만, 부득이한 사정으로 그 기한

을 연장하려는 경우에는 그 사유와 기한을 명시하여 당사자에게 통지하여야 한다.

⑤ 제4항에 따른 조정안에는 신청취지에 반하지 아니하는 범위에서 원상회복, 손해배상 및 그 밖에 피해의 구제를 위하여 필요한 조치사항을 포함할 수 있다.

⑥ 제4항 본문에 따른 권고를 받은 당사자는 권고를 받은 날부터 15일 이내에 조정안에 대한 동의 여부를 위원회 또는 조정부에 알려야 한다. 이 경우 15일 이내에 의사표시가 없는 때에는 거부한 것으로 본다.

⑦ 제1항부터 제6항까지에서 규정한 사항 외에 조정절차에 관하여 필요한 사항은 대통령령으로 정한다.

제36조(위원의 제척·기피 및 회피) ① 위원회의 위원은 다음 각 호의 어느 하나에 해당하는 경우에는 해당 조정사건의 조정에서 제척(除斥)된다.

1. 위원이나 그 배우자 또는 배우자였던 사람이 사건의 당사자가 되거나 사건의 당사자와 공동권리자·공동의무자의 관계에 있는 경우
2. 위원이 사건의 당사자와 친족이거나 친족이었던 경우
3. 위원이 해당 사건에 관하여 증언이나 감정(鑑定)을 한 경우
4. 위원이 해당 사건에 관하여 당사자의 대리인으로서 관여하거나 관여하였던 경우

② 당사자는 위원에게 공정한 조정을 기대하기 어려운 사정이 있는 경우에는 위원회에 기피신청을 할 수 있고, 위원회는 의결로 이를 결정한다. 이 경우 기피신청의 대상인 위원은 그 의결에 참여하지 못한다.

③ 위원이 제1항이나 제2항의 사유에 해당하는 경우에는 스스로 해당 사건의 조정을 회피하여야 한다.

제37조(자료의 요청 등) ① 위원회는 분쟁조정을 위하여 필요한 자료의 제공을 당사자 또는 참고인에게 요청할 수 있다. 이 경우 해당 당사자는 정당한 사유가 없으면 요청에 따라야 한다.

② 위원회는 필요하다고 인정하는 경우에는 당사자 또는 참고인으로 하여금 위원회에 출석하게 하여 그 의견을 들을 수 있다.

제38조(조정의 효력) ① 조정은 다음 각 호의 어느 하나의 경우에 성립한다.
  1. 제35조제4항에 따른 조정안에 대하여 당사자가 동의한 경우
  2. 당사자가 위원회에 조정합의서를 제출한 경우

② 위원회는 제1항에 따라 조정이 성립한 경우에는 위원회의 위원장과 각 당사자가 기명·날인한 조정조서를 당사자에게 보내야 한다.

③ 제2항에 따른 조정조서는 「민사소송법」에 따른 재판상 화해와 동일한 효력을 갖는다.

④ 위원회는 다음 각 호의 어느 하나에 해당하는 경우에는 조정이 성립하지 아니하였음을 당사자에게 통지하여야 한다.

  1. 분쟁조정의 신청이 취하되거나 당사자 어느 한 쪽이 분쟁의 조정에 응하지 아니하는 경우
  2. 당사자가 위원회의 조정안을 거부한 경우

제39조(조정의 거부 및 중지) ① 위원회는 다음 각 호의 어느 하나에 해당하는 경우에는 조정을 거부할 수 있다.

  1. 다른 법률에 따라 분쟁조정이 완료된 경우
  2. 사건의 성질상 위원회에서 조정하는 것이 적합하지 아니하다고 인정되는 경우
  3. 부정한 목적으로 분쟁의 조정을 신청한 것으로 인정되는 경우

② 위원회는 분쟁의 조정이 끝나기 전에 당사자가 소(訴)를 제기한 경우에는 조정을 중지할 수 있다.

③ 위원회는 제1항 및 제2항에 따라 조정을 거부하거나 중지하는 경우에는 그 사실과 사유를 당사자에게 통지하여야 한다.

제40조(조정의 비용 등) ① 위원회는 분쟁의 조정을 신청한 자에게 대통령령으로 정하는 바에 따라 조정비용을 부담하게 할 수

있다. 다만, 조정이 성립된 경우에는 그 결과에 따라 당사자에게 조정비용을 분담하게 할 수 있다.

② 정부는 예산의 범위에서 위원회의 운영에 필요한 경비를 출연할 수 있다.

제41조(비밀 유지) 위원회의 분쟁조정 업무에 종사하는 자 또는 종사하였던 자는 그 직무상 알게 된 비밀을 타인에게 누설하거나 직무상 목적 외의 용도로 사용하여서는 아니 된다. 다만, 다른 법률에 특별한 규정이 있는 경우에는 그러하지 아니하다.

제42조(손해배상청구 등) ① 이 법을 위반하는 행위로 인하여 자신의 영업에 관한 이익이 침해되어 손해를 입은 자는 그 위반행위를 한 자에 대하여 위반행위로 인한 손해의 배상을 청구할 수 있다. 이 경우 그 위반행위를 한 자는 고의 또는 과실이 없음을 입증하지 아니하면 책임을 면할 수 없다.

② 법원은 이 법을 위반한 행위에 관한 소송에서 손해의 발생은 인정되나 손해액을 산정하기 곤란한 경우에는 변론의 취지 및 증거조사 결과를 고려하여 상당한 손해액을 인정할 수 있다.

제43조(손해배상의 보장) 데이터사업자는 제42조에 따른 손해배상책임의 이행을 위하여 보험 또는 공제에 가입하거나 준비금

을 적립하는 등 필요한 조치를 할 수 있다.

제44조(시정권고) 과학기술정보통신부장관은 이 법을 위반한 데이터사업자에게 해당 위반행위의 중지나 시정을 위하여 필요한 시정을 권고할 수 있다.

제45조(벌칙 적용에서 공무원 의제) 다음 각 호의 어느 하나에 해당하는 사람은 「형법」 제129조부터 제132조까지의 규정에 따른 벌칙을 적용할 때에는 공무원으로 본다.
　1. 제32조에 따른 전문기관의 임직원
　2. 데이터분쟁조정위원회의 위원과 제34조제6항에 따른 사무국의 임직원
　3. 이 법에 따라 위탁받은 사무에 종사하는 기관 또는 단체의 임직원

제46조(권한의 위임·위탁) ① 이 법에 따른 과학기술정보통신부장관의 권한은 그 일부를 대통령령으로 정하는 바에 따라 그 소속 기관의 장에게 위임할 수 있다.
② 이 법에 따른 과학기술정보통신부장관의 권한은 그 일부를 대통령령으로 정하는 바에 따라 데이터 생산, 거래 및 활용에 전문성이 있다고 인정되어 과학기술정보통신부장관이 고시하는 기관 또는 단체에 위탁할 수 있다.

제47조(벌칙) 제41조를 위반하여 직무상 알게 된 비밀을 타인에게 누설하거나 직무상 목적 외의 목적으로 그 비밀을 사용한 자는 1년 이하의 징역 또는 1천만원 이하의 벌금에 처한다.

제48조(과태료) ① 제20조제4항에 따른 품질인증을 받지 아니하고 품질인증의 표시 또는 이와 유사한 표시를 한 자에게는 3천만원 이하의 과태료를 부과한다.
② 제1항에 따른 과태료는 대통령령으로 정하는 바에 따라 과학기술정보통신부장관이 부과·징수한다.

부　칙 <법률 제18475호, 2021. 10. 19.>
이 법은 공포 후 6개월이 경과한 날부터 시행한다.

5. 정보통신망 이용촉진 및 정보보호 등에 관한 법률

(약칭: 정보통신망법)

1) 정보통신망 이용촉진 및 정보보호 등에 관한 법률 (약칭: 정보통신망법)

[시행 2021. 12. 9.] [법률 제18201호, 2021. 6. 8., 일부개정]

방송통신위원회(인터넷이용자정책과 – 스팸), 02-2110-1527, 1525

과학기술정보통신부(통신정책기획과 – 통신과금관련), 044-202-6635

과학기술정보통신부(사이버침해대응과 – 해킹 등 침해대응 관련), 044-202-6461, 6462

방송통신위원회(이용자정책총괄과), 02-2110-1514

방송통신위원회(인터넷윤리팀 – 불법정보 및 청소년보호 관련), 02-2110-1566,1549

방송통신위원회(인터넷이용자정책과—본인확인제 관련), 02-2110-1521

제46조(집적된 정보통신시설의 보호) ① 타인의 정보통신서비스 제공을 위하여 집적된 정보통신시설을 운영·관리하는 정보통신서비스 제공자(이하 "집적정보통신시설 사업자"라 한다)는 정보통신시설을 안정적으로 운영하기 위하여 대통령령으로 정하는 바에 따른 보호조치를 하여야 한다. <개정 2020. 6. 9.>

② 집적정보통신시설 사업자는 집적된 정보통신시설의 멸실,

훼손, 그 밖의 운영장애로 발생한 피해를 보상하기 위하여 대통령령으로 정하는 바에 따라 보험에 가입하여야 한다.

[전문개정 2008. 6. 13.]

2) 정보통신망 이용촉진 및 정보보호 등에 관한 법률 시행령
(약칭: 정보통신망법 시행령)

[시행 2021. 12. 30.] [대통령령 제32274호, 2021. 12. 28., 타법개정]

방송통신위원회(이용자정책총괄과), 02-2110-1514
방송통신위원회(인터넷이용자정책과 – 스팸), 02-2110-1527, 1525
방송통신위원회(인터넷윤리팀 – 불법정보 및 청소년보호 관련), 02-2110-1566,1549
과학기술정보통신부(통신정책기획과 – 통신과금관련), 044-202-6635
과학기술정보통신부(사이버침해대응과 – 해킹 등 침해대응 관련), 044-202-6461, 6462

제37조(집적정보통신시설사업자의 보호조치) ① 법 제46조제1항에 따라 타인의 정보통신서비스 제공을 위하여 집적된 정보통신시설을 운영·관리하는 정보통신서비스 제공자(이하 "집적정보통신시설사업자"라 한다)가 정보통신시설을 안정적으로 운영하기 위하여 해야 하는 보호조치는 다음 각 호와 같다. <개정 2009. 1. 28., 2019. 6. 11., 2021. 12. 7.>

1. 정보통신시설에 대한 접근 권한이 없는 자의 접근 통제 및 감시를 위한 기술적·관리적 조치
2. 정보통신시설의 지속적·안정적 운영을 확보하고 화재·지진·수해 등의 각종 재해와 테러 등의 각종 위협으로부터 정보통신시설

을 보호하기 위한 물리적·기술적 조치

3. 정보통신시설의 안정적 관리를 위한 관리인원 선발·배치 등의 조치

4. 정보통신시설의 안정적 운영을 위한 내부관리계획(비상시 계획을 포
   함한다)의 수립 및 시행

5. 침해사고의 확산을 차단하기 위한 기술적·관리적 조치의 마련 및
   시행

② 과학기술정보통신부장관은 관련 사업자의 의견을 수렴하
여 제1항에 따른 보호조치의 구체적인 기준을 정하여 고시한
다. <개정 2013. 3. 23., 2017. 7. 26.>

③ 과학기술정보통신부장관은 제1항에 따른 보호조치의 이
행확인을 하는 과정에서 다른 기관이 수행하는 업무와 관계되
는 때에는 해당 기관과 미리 협의하여야 한다. <개정 2013. 3. 23.,
2017. 7. 26.>

6. 건축법 시행령

1) 건축법 시행령

[시행 2022. 5. 3.] [대통령령 제32102호, 2021. 11. 2., 일부개정]

국토교통부(건축정책과 – 건축제도 일반), 044-201-3762, 3763
국토교통부(건축안전과 – 피난·마감재료 규정 운영), 044-201-4992
국토교통부(건축안전과 – 건축구조 규정 운영), 044-201-4991
국토교통부(녹색건축과 – 건축설비·조경 규정 운영), 044-201-4753
국토교통부(건축정책과 – 건축감리 규정 운영), 044-201-4752
국토교통부(건축정책과 – 위반건축물 규정 운영), 044-201-3762, 3761

제3조의5(용도별 건축물의 종류) 법 제2조제2항 각 호의 용도에 속하는 건축물의 종류는 별표 1과 같다.

[전문개정 2008. 10. 29.][제3조의4에서 이동 <2014. 11. 28.>]

■ **건축법 시행령 [별표 1] 용도별 건축물의 종류**(제3조의5 관련)

24. 방송통신시설(제1종 근린생활시설에 해당하는 것은 제외한다)

　　가. 방송국(방송프로그램 제작시설 및 송신·수신·중계시설을 포함한다)

　　나. 전신전화국

다. 촬영소

라. 통신용 시설

마. 데이터센터

바. 그 밖에 가목부터 마목까지의 시설과 비슷한 것

7. 집적정보 통신시설 보호지침

1) 집적정보 통신시설 보호지침

[시행 2017. 8. 24.] [과학기술정보통신부고시 제2017-7호, 2017. 8. 24., 타법개정]

과학기술정보통신부(사이버침해대응과), **044-202-6466**

제1장 총칙

제1조(목적) 이 지침은「정보통신망 이용촉진 및 정보보호 등에 관한 법률」(이하 "법"이라 한다) 제46조 및 같은 법 시행령 제37조 제2항에 따라 집적정보통신시설을 운영·관리하는 사업자가 취하여야 하는 보호조치의 세부적 기준 등 집적정보통신시설 보호를 위해 필요한 사항에 대하여 정하는 것을 목적으로 한다.

제2조(정의) 이 지침에서 사용하는 용어의 정의는 다음과 같다.

1. "집적정보통신시설"이라 함은 법 제2조제2호에 따른 정보통신 서비스를 제공하는 고객의 위탁을 받아 컴퓨터장치 등 전자정부법 제2조제13호에 따른 정보시스템을 구성하는 장비(이하 "정보시스템 장비"라 한다)를 일정한 공간(이하 "전산실"이라 한다)에 집중하여

관리하는 시설을 말한다.

2. "주요시설"이라 함은 중앙감시실, 항온항습시설, 전산실, 전력감시실, 전력관련시설(축전지설비, 자가발전설비, 수변전설비), 통신장비실 및 방재센터를 말한다.

3. "중앙감시실"이라 함은 주요 시설물의 작동상황을 파악할 수 있는 시설로서, 경보장치, 화재감지센서, CCTV 등 집적정보통신시설을 보호하기 위한 장비의 작동상황을 통합적으로 감시하고 제어하는 장소를 말한다.

4. "전력감시실"이라 함은 각종 전력의 작동상황을 감시·제어하기 위하여 필요한 장비가 설치된 장소를 말하며 중앙감시실과 통합하여 운영될 수 있다.

5. "수변전설비"라 함은 전기를 공급하는 사업자로부터 여러 가지 수전방법에 의하여 전원을 공급받아 집적정보통신시설에서 사용할 수 있도록 하는 수전·변전 및 배전 기능을 수행하는 설비를 말

한다.

6. "통신장비실"이라 함은 전송장비, 주배선반(MDF), 라우터, 기타회선 관련 장비 등 전기통신사업법 제2조제3호에 따른 전기통신설비가 설치된 장소를 말한다.

7. "방재센터"라 함은 화재의 발생에 대비하여 이를 감시하기 위하여 필요한 장비가 설치된 장소를 말하며 중앙감시실과 통합하여 운영될 수 있다.

8. "업무연속성계획"이라 함은 집적정보통신시설이 재난시에도 핵심업무를 수행하기 위한 예방, 대응, 복구계획을 포함한 총괄 운영계획을 말한다.

제2장 보호조치

제3조(출입자의 접근제어 및 감시)　① 집적정보통신시설을 관리·운영하는 사업자(이하 "사업자"라 한다)는 집적정보통신시설을 출입하는 자를 감시·통제하고 권한 없는 자의 출입을 방지하기 위하여 다음 각 호에 해당하는 조치를 하여야 한다.

1. 주요시설의 출입구에 신원확인이 가능한 출입통제장치를 설치할 것
2. 집적정보통신시설을 출입하는 자의 신원 등 출입기록을 유지·보관할 것
3. 주요시설 출입구와 전산실 및 통신장비실 내부에 CCTV를 설치할 것
4. 고객의 정보시스템 장비를 잠금장치가 있는 구조물에 설치할 것

② 사업자는 제1항에 따른 보호조치를 효율적으로 수행하기 위

하여 중앙감시실을 설치·운용하여야 한다.

제4조(각종 재난에 대비한 보호조치) ① 사업자는 집적정보통신시설에 안정적으로 전원을 공급하고 지진, 수해 및 화재 등으로 인한 전원공급이 중단되는 경우에 대비하기 위하여 다음 각호에 해당하는 조치를 하여야 한다.

 1. 전력관련시설(축전지설비, 자가발전설비, 수변전설비)의 상황파악 및 통제를 위한 전력감시실 또는 중앙감시실을 설치할 것
 2. 전력공급의 중단을 방지하기 위하여 UPS(무정전전원장치)와 축전지설비를 보유하고, 장시간 외부에서의 전원공급이 중단될 경우에 대비하여 자체 전력공급을 위한 자가발전설비를 구비할 것
 3. 수전, 변전 및 배전기능을 갖춘 수변전실을 두어야 하며 배전반에 단락, 지락, 과전류 및 누전을 방지하기 위하여 필요한 장비를 설치할 것
 4. 주요시설에는 기존 조명설비의 작동이 멈추는 경우에 대비하여 비상조명을 설치할 것

② 사업자는 각종 전원장비를 보호하기 위하여 다음 각 호에 해당하는 조치를 하여야 한다.

 1. 주요시설의 각종 전원장비에 대한 접지시설을 할 것
 2. 전산실에 온습도 측정이 가능하도록 항온항습기를 설치할 것

③ 사업자는 도난 및 테러 등으로부터 집적정보통신시설을 보호하기 위하여 다음 각 호에 해당하는 조치를 하여야 한다.

1. 전산실은 천장을 통하여 외부와의 왕래가 불가능하도록 차단하는 조치를 할 것
2. 주요시설이 설치된 건물내부의 창문을 강화유리로 설치하고 개폐가 되지 않도록 할 것

④ 사업자는 지진, 수해 및 화재 등 재난으로부터 집적정보통신 시설을 보호하기 위하여 다음 각호에 해당하는 조치를 하여야 한다.

1. 건물은 UPS 등 무거운 장비의 하중에 견딜 수 있도록 필요한 내력구조를 갖추어야 하며 필요시 하중분산시설을 설치할 것
2. 건물은 물리적 충격 및 화재에 견딜 수 있도록 철골조, 철근 콘크리트 및 내화 건축자재를 사용하고 방화문을 설치할 것
3. 누수에 의한 피해를 예방하기 위하여 주요시설의 천장 및 바닥은 방수시공을 할 것

⑤ 사업자는 지진, 수해, 화재 등 각종 재난으로부터 주요시설 설비의 안전운영을 위하여 주요시설 설비 안전운영매뉴얼을 수립하여 관련 직원을 대상으로 교육하고 주기적으로 관리감독하여야 한다.

⑥ 사업자는 주요시설 설비의 변경이 발생한 때에는 관련분야 전문가로부터 변경사항에 대한 안전성 검토를 받아야 한다. 이때 관련전문가는 건축·전기설비·소방설비·재난 등 변경사항에 관련한 전문지식을 지닌 자를 말한다.

제5조(관리인원의 선발 및 배치) ① 사업자는 24시간 경비가 가능하도록 상근 경비원을 두어야 한다.

② 사업자는 주요시설의 유지·관리를 수행하는 관련분야 2년이상의 경험이 있는 전문인력을 두어야 한다.

③ 사업자는 집적정보통신시설의 효율적 관리·운영을 위하여 제2항에 따른 전문인력과 소속 인력에 대한 교육·훈련을 실시하여야 한다.

④ 사업자는 집적정보통신시설의 보호를 위하여 다음 각 호에 해당하는 업무를 수행하는 관리책임자를 두어야 한다.

  1. 집적정보통신시설 보호계획의 수립 및 시행
  2. 집적정보통신시설에 대한 물리적·기술적, 인적·제도적 안전성 점검 ·지도
  3. 제3항에 따른 교육·훈련의 실시
  4. 재난대비 업무연속성계획의 수립 및 시행
  5. 기타 집적정보통신시설의 보호를 위하여 사업자가 지시하는 관리·감독 업무

제6조(시설보호계획과 업무연속성계획의 수립 및 시행) ① 사업자는 해킹·컴퓨터바이러스 유포 등의 전자적 침해행위와 정전·화재 기타 각종 재난으로부터 집적정보통신시설을 보호하기 위하여 다음 각 호의 사항을 포함하는 계획(이하 "시설보호계획"이라고 한다.)을 수립·시행하여야 한다.

1. 시설 보호의 목적 및 범위

2. 시설보호 조직·인력의 구성 및 운영에 관한 사항

3. 시설보호를 위한 교육·훈련에 관한 사항

4. 침해사고 예방·대응 및 복구 대책

5. 기타 시설의 안전한 운영·관리를 위한 지침

② 사업자는 해킹·컴퓨터바이러스 유포 등의 전자적 침해행위와 정전·화재 기타 각종 재난으로부터 업무기능을 중단없이 수행하기 위하여 다음 각 호의 사항을 포함하는 계획(이하 "업무연속성계획"이라고 한다.)을 수립·시행하여야 한다.

1. 재난대응 및 업무재개, 복원활동 수행을 위한 조직 및 운영에 관한 사항

2. 재난 유형별 긴급대응 및 업무재개, 복원활동을 위한 세부절차 및 활동내용

3. 주기적인 모의훈련 수행을 위한 계획수립, 훈련실시, 사후 평가 및 개선방안 반영

4. 기타 재난대응 및 업무재개 등을 위해 필요한 사항

③ 사업자는 제1항 및 제2항에 따른 시설보호계획 및 업무연속성계획을 성실히 준수하여야 하며 업무환경의 변화 등으로 인하여 계획의 수정·보완이 필요한 경우에는 지체없이 검토·보완하여야 한다.

제7조 삭제

제8조(세부기준) 제3조부터 제6조까지에 따라 사업자가 의무적으로 준수하여야 하는 보호조치의 세부적인 기준은 별표와 같다.

[별표]

집적정보통신시설 보호조치 세부기준(제8조관련)

구분	목표	항목	내용
물리적 · 기술적 보호조치	접근제어 및 감시	출입통제장치	• 주요시설중 중앙감시실, 전산실, 전력감시실, 통신장비실, 방재센터의 출입구에는 출입자의 신원확인을 통해 개폐되는 잠금장치를 설치한다.
		출입기록	• 주요시설에 대한 출입기록(모든 출입자의 신원과 방문목적 및 방문일시에 대한 기록, CCTV녹화, 출입통제장치의 로그기록)을 출입일로부터 2개월 이상 유지되도록 보관한다. • 주요시설이외의 시설에 대한 출입기록(외부 방문자의 신원과 방문목적 및 방문일시에 대한 기록)을 출입일로부터 1개월 이상 유지되도록 보관한다.
		고객정보시스템장비 보호	• 전산실내에 보관하여 관리하는 고객의 컴퓨터장비 등 정보시스템 장비는 잠금장치가 있는 구조물(Rack)에 설치한다.
		중앙감시실	• 주요시설중 전산실 및 통신장비실에 대하여 각 시설의 기능별 작동상황 및 사고발생여부를 확인한다. • CCTV가 촬영한 영상을 24시간 감시할 수 있는 모니터를 설치한다.
		CCTV	• 주요시설의 출입구와 주요시설중 전산실 및 통신장비실 내부에 CCTV를 설치한다.
		경보장치	• 방재센터는 화재감시센서의 작동상황이 실시간으로 파악되도록 하고, 화재발생시에 경보신호를 통해 상황을 알 수 있도록 화재감지센서와 연동된 경보장치를 설치한다. • 방재센터는 중앙감시실과 통합하여 운영할 수 있다.

구분	목표	항목	내용
물리적·기술적 보호조치	가용성	전력 및 관련 설비 보호	• 전력(비상전력을 포함), 축전지설비, 자가발전설비, 수변전설비, UPS에 대한 상황파악 및 제어가 가능하도록 전력감시실을 두되, 중앙감시실과 통합하여 운영할 수 있다.
		무정전전원 장치 (UPS)	• 전산실내 고객 정보시스템 장비의 3개월간 평균 순간사용전력의 130%에 해당하는 전력을 최소 20분 이상 공급할 수 있는 UPS를 설치한다.
		축전지 설비	• 별도의 축전지실 또는 잠금장치가 있는 폐쇄형 판넬(Cubicle)로 설비한다. • 축전지는 UPS 장비와 통합하여 관리되어도 무방하다.
		자가 발전 설비	• 자가발전설비의 발전용량은 전산실내 고객의 정보시스템 장비 및 항온항습기와 집적정보통신시설내에 설치된 유도등의 3개월간 평균 순간사용전력의 130%에 해당하는 전력을 공급할 수 있어야 하고 추가적인 연료의 보충 없이도 2시간이상 발전할 수 있는 연료 공급 저장시설이 있어야 한다.
		수변 전설비	• 배전반에 단락·지락 및 과전류를 방지할 수 있도록 계전기(Relay)를 설치하고 누전이 발생하였을 때 이를 차단할 수 있도록 누전차단기 또는 누전경보기를 설치한다. • 수변전설비는 중앙감시실 또는 전력감시실과 연동되어야 한다.
		접지 시설	• 주요시설의 정보시스템 장비 등 각종 전원장비에 대한 접지시설을 한다.
		항온 항습기	• 전산실에 24시간 항온·항습을 유지하기 위하여 온습도 측정이 가능하도록 항온항습기를 설치한다.
		비상조명 및 유도등 설비	• 주요시설에는 기존 조명설비의 작동이 멈추는 경우에 바닥 또는 작업면의 조도가 최소 10룩스(lux)이상이 유지되도록 비상조명을 설치한다. • 집적정보통신시설 전지역에 유도등 및 유도표지를 설치한다.
	방호성	벽면의 구성	• 전산실은 천장을 통하여 외부와의 왕래가 불가능하도록 전산실의 벽면과 접한 천장을 차단하는 조치를 한다.
		유리창문 설비	• 주요시설관련 건물내부의 창문은 강화유리를 사용하고 개폐가 되지 않도록 설치한다.

구분	목표	항목	내용
물리적·기술적 보호조치	방재성	하중 안전성	• UPS, 변압기, 배전반, 자가발전설비가 설치된 장소의 바닥은 최소 500kg/㎡ 이상의 하중에 견디도록 필요한 조치를 하되, 적재하중치(장비의 단위면적당 중량과 건축물의 구조를 고려하여 계산한 하중치에 2.5<안전율>를 곱한 값)가 500kg/㎡을 초과할 경우에는 그 값에 해당하는 하중에 견디도록 필한 조치를 하여야 한다.
		소방 시설	• 집적정보통신시설 전 지역에 열감지 또는 연기감지 센서를 설치한다. • 주요시설은 소화시 장비에 피해를 주지 않도록 가스 소화장비를 설치하고 주요시설외의 지역에는 가스 소화장비 또는 살수 소화장비(스프링클러)를 설치한다. • 화재가 발생한 경우 주요시설로 화재가 번지는 것을 방지하기 위하여 방화문을 설치한다.
		건축 자재	• 집적정보통신시설의 건물은 화재 및 물리적 충격에 견디기 위해 철골조, 철근 콘크리트를 사용한 건축물이어야 한다. • 바닥재, 내벽, 천장 등의 건물 내부에 사용하는 자재는 화재발생시에도 잘 연소되지 않는 불연재료·준불연재료 또는 난연재료를 사용한다. • 건축물의 외벽에는 불연재료 또는 준불연재료를 마감재료로 사용한다.
		수해 방지	• 주요시설의 천장 및 바닥(주요시설이 지하에 위치한 경우에는 벽을 포함한다)은 수해를 방지하기 위하여 물이 들어갈 수 없도록 시공(방수시공 등) 하여야 한다.
관리적 보호조치	보호관리 체계화	상근 경비원	• 24시간 경비업무를 수행하는 상근 경비원을 둔다.
		전문 기술자	• 주요시설의 유지·관리를 위하여 시스템관리, 네트워크관리, 전기를 각각 담당하는 전문인력(관련분야 2년이상 경력자)을 두되, 해당 인력을 확보하기 어려운 경우에는 외부 전문업체에 해당 업무를 위탁할 수 있다.
		관리 책임자	• 집적정보통신시설내의 모든 보호조치를 계획, 감독, 통제하며 비상시 재난관리활동을 수행한다.
		시설보호 계획 및 업무연속 성 계획	• 시설보호계획 및 업무연속성계획을 수립하는 때에는 제6조제1항 및 제2항의 규정에 의한 내용이 포함되도록 한다. • 시설보호계획 및 업무연속성계획을 주된 사업장에 비치하고 교육하는 등 소속 직원이 내용을 숙지할 수 있도록 필요한 조치를 한다. • 업무환경의 변화 등으로 인하여 시설보호계획 및 업무연속성계획의 수정「보완이 필요한 경우에는 지체없이 검토·보완하여야 한다.

제3장 보호조치 이행 검사 및 평가

제9조(검사의 실시) ① 과학기술정보통신부는 사업자가 제3조부터 제8조까지에 따른 보호조치 의무를 성실히 이행하였는지 여부를 확인하기 위하여 법 제64조제3항에 따른 검사(이하 "검사"라 한다)를 실시한다.

② 과학기술정보통신부가 검사를 실시하는 때에는 법 제64조제10항에 따라 한국인터넷진흥원장(이하 "인터넷진흥원장"이라 한다)에게 필요한 지원을 요청할 수 있다.

③ 인터넷진흥원장은 제2항에 따라 검사를 지원하는 때에는 건축·전기설비·소방설비·재난에 관한 전문지식을 지닌 자, 정보보호에 관한 전문지식을 지닌 자가 참여하는 전담반을 구성하여야 한다.

④ 인터넷진흥원장은 검사를 효율적으로 지원하기 위하여 전담반의 구성·운영, 지원 절차 및 방법에 관하여 필요한 사항을 정하여야 한다.

제10조(검사결과의 처리) ① 인터넷진흥원장은 제9조에 따라 검사를 지원한 때에는 그 결과를 과학기술정보통신부에 통지하여야 한다.

제11조(평가) ① 과학기술정보통신부는 사업자가 희망하는

때에는 인터넷진흥원장으로 하여금 사업자의 신청을 받아 집적정보통신시설의 안전·신뢰성에 대한 평가를 실시하게 할 수 있다.

② 인터넷진흥원장은 제1항에 따른 평가를 실시하는 경우에는 평가기준, 절차 및 방법 등에 관하여 필요한 사항을 정하여야 한다.

제12조(재검토기한) 「훈령·예규 등의 발령 및 관리에 관한 규정」 (대통령훈령 제334호)에 따라 이 고시에 대하여 2018년 1월 1일 기준으로 매3년이 되는 시점(매 3년째의 12월 31일까지를 말한다)마다 그 타당성을 검토하여 개선 등의 조치를 하여야 한다.

부　　칙 <제2008-15호,2008.5.19>

이 지침은 고시한 날부터 시행한다.

부　　칙 (일몰제 적용을 위한 「가입자선로의 공동활용기준」 등 일부개정)

<제2009-27호,2009.11.5>

이 고시는 2009년 11월 5일부터 시행한다.

부　　칙 <제2012-29호,2012.3.15>

이 고시는 발령한 날부터 시행한다.

부　　칙 <제2013-35호,2013.8.8>

이 고시는 발령한 날부터 시행한다.

부　　칙 <제2014-109호,2014.12.30.>

이 고시는 발령한 날부터 시행한다.

8. 지구단위계획 관련

현재 데이터센터 개발을 위해서는 해당 부지가 지구단위계획상 방송통신시설로 반드시 지정되어야 합니다! 부지선정 평가 과정에서 중요한 필수 요건입니다. 그리고 장기적으로 데이터센터는 방송통신시설과는 새로운 식별군으로 분류되어 시설의 고유한 특성이 반영되어야 할 것입니다.

1) 국토의 계획 및 이용에 관한 법률(약칭: 국토계획법)

[시행 2022. 1. 13.] [법률 제17893호, 2021. 1. 12., 타법개정]

국토교통부(도시정책과-개발행위), 044-201-3717, 4724, 3707
국토교통부(도시정책과-도시군계획시설), 044-201-4843, 3725, 4972
국토교통부(도시정책과-용도지역), 044-201-3712, 4720, 3709
국토교통부(도시정책과-지구단위계획), 044-201-3716, 3719, 3710
국토교통부(도시정책과-도시군기본계획), 044-201-3711, 3708
국토교통부(도시정책과-토지적성평가), 044-201-4843, 3725, 4972
국토교통부(도시활력지원과-공동구,기반시설부담구역), 044-201-3724, 3722

제49조(지구단위계획의 구분) 지구단위계획은 다음 각호와 같이 구분한다.

1. 제1종지구단위계획 : 토지이용을 합리화·구체화하고, 도시 또는 농·산·어촌의 기능의 증진, 미관의 개선 및 양호한 환경을 확보하기 위하여 수립하는 계획
2. 제2종지구단위계획 : 계획관리지역 또는 개발진흥지구를 체계적·계획적으로 개발 또는 관리하기 위하여 용도지역의 건축물 그 밖의 시설의 용도·종류 및 규모 등에 대한 제한을 완화하거나 건폐율 또는 용적률을 완화하여 수립하는 계획

제50조(지구단위계획구역 및 지구단위계획의 결정) 지구단위계획구역 및 지구단위계획은 도시관리계획으로 결정한다.

제51조(지구단위계획구역의 지정 등) ①건설교통부장관 또는 시·도지사는 다음 각호의 어느 하나에 해당하는 지역의 전부 또는 일부에 대하여 제1종지구단위계획구역을 지정할 수 있다. <개정 2002. 12. 30., 2003. 5. 29., 2005. 3. 31.>

1. 제37조의 규정에 의하여 지정된 용도지구
2. 기반시설부담구역
3. 도시개발법 제3조의 규정에 의하여 지정된 도시개발구역
4. 도시및주거환경정비법 제4조의 규정에 의하여 지정된 정비구역
5. 택지개발촉진법 제3조의 규정에 의하여 지정된 택지개발예정지구
6. 삭제 <2002. 12. 30.>
7. 주택법 제16조의 규정에 의한 대지조성사업지구
8. 산업입지및개발에관한법률 제2조제5호의 규정에 의한 산업단지
   (동법 제2조제6호 가목에 해당하는 시설용지를 제외한다)
9. 관광진흥법 제67조의 규정에 의하여 지정된 관광특구
10. 개발제한구역·도시자연공원구역·시가화조정구역 또는 공원에서 해제되는 구역, 녹지지역에서 주거·상업·공업지역으로 변경되는 구역과 새로이 도시지역으로 편입되는 구역중 계획적인 개발 또는 관리가 필요한 지역
11. 그 밖에 양호한 환경의 확보 또는 기능 및 미관의 증진 등을 위하여 필요한 지역으로서 대통령령이 정하는 지역

② 건설교통부장관 또는 시·도지사는 다음 각호의 1에 해당하는 지역에 대하여는 이를 제1종지구단위계획구역으로 지정하여야 한다. 다만, 관계 법률에 의하여 당해 지역에 토지이용 및 건축에 관한 계획이 수립되어 있는 때에는 그러하지 아니하다.

1. 제1항제4호 내지 제6호의 지역에서 시행되는 사업이 완료된 후 10년이 경과된 지역
2. 제1항 각호중 체계적·계획적인 개발 또는 관리가 필요한 지역으로서 대통령령이 정하는 지역

③ 건설교통부장관 또는 시·도지사는 다음 각호의 1에 해당하는 지역에 대하여 제2종지구단위계획구역을 지정할 수 있다.

1. 제36조의 규정에 의하여 지정된 계획관리지역으로서 대통령령이 정하는 요건에 해당하는 지역
2. 제37조의 규정에 의하여 지정된 개발진흥지구로서 대통령령이 정하는 요건에 해당하는 지역

제52조(지구단위계획의 내용) ① 지구단위계획구역의 지정목적을 달성하기 위하여 제1종지구단위계획에는 다음 각호의 사항중 1 이상의 사항이 포함되어야 하며, 제2종지구단위계획에는 다음 각호의 사항중 제2호 내지 제4호 및 제7호의 사항을 포함한 4 이상의 사항이 포함되어야 한다.

1. 용도지역 또는 용도지구를 대통령령이 정하는 범위안에서 세분하거나 변경하는 사항

2. 대통령령이 정하는 기반시설의 배치와 규모

3. 도로로 둘러싸인 일단의 지역 또는 계획적인 개발·정비를 위하여 구획된 일단의 토지의 규모와 조성계획

4. 건축물의 용도제한·건축물의 건폐율 또는 용적률·건축물의 높이의 최고한도 또는 최저한도

5. 건축물의 배치·형태·색채 또는 건축선에 관한 계획

6. 환경관리계획 또는 경관계획

7. 교통처리계획

8. 그 밖에 토지이용의 합리화, 도시 또는 농·산·어촌의 기능증진 등에 필요한 사항으로서 대통령령이 정하는 사항

② 지구단위계획은 도로, 상·하수도 등 대통령령이 정하는 도시계획시설의 처리·공급 및 수용능력이 지구단위계획구역안에 있는 건축물의 연면적, 수용인구 등 개발밀도와 적정한 조화를 이룰 수 있도록 하여야 한다.

③ 지구단위계획구역안에서는 제76조 내지 제78조와 건축법 제32조·제33조·제51조·제53조 및 제67조, 주차장법 제19조 및 제19조의2의 규정을 대통령령이 정하는 범위안에서 지구단위계획이 정하는 바에 따라 완화하여 적용할 수 있다.

④ 지구단위계획의 수립기준 등은 대통령령이 정하는 바에 따라 건설교통부장관이 정한다.

제53조(지구단위계획구역의 지정에 관한 도시관리계획결정의 실효 등) ① 지구단위계획구역의 지정에 관한 도시관리계획결정의 고시일부터 3년 이내에 당해 지구단위계획구역에 관한 지구단위계획이 결정·고시되지 아니하는 경우에는 그 3년이 되는 날의 다음날에 당해 지구단위계획구역의 지정에 관한 도시관리계획결정은 그 효력을 상실한다. 다만, 다른 법률에서 지구단위계획의 결정(결정된 것으로 보는 경우를 포함한다)에 관하여 따로 정한 경우에는 그 법률에 의하여 지구단위계획을 결정할 때까지 지구단위계획구역의 지정은 그 효력을 유지한다.

② 시·도지사는 제1항의 규정에 의하여 지구단위계획구역 지정의 효력이 상실된 때에는 대통령령이 정하는 바에 따라 지체없이 그 사실을 고시하여야 한다.

제54조(지구단위계획구역안에서의 건축등) 지구단위계획구역안에서 건축물을 건축하거나 건축물의 용도를 변경하고자 하는 경우에는 그 지구단위계획에 적합하게 건축하거나 용도를 변경하여야 한다. 다만, 지구단위계획이 수립되어 있지 아니한 경우와 지구단위계획의 범위안에서 시차를 두어 단계적으로 건축물을 건축하는 경우에는 그러하지 아니하다.

제55조(지구단위계획구역에서의 환지) ①특별시장·광역시장·시장

또는 군수는 지구단위계획구역안의 토지소유자 및 지상권자가 지구단위계획에서 정한 내용에 적합하게 토지를 이용하기 위하여 토지의 분할·합병 또는 교환을 위한 환지를 원하는 경우에는 그 토지를 대상으로 환지계획을 작성하고 환지처분을 하는 등의 필요한 조치를 취할 수 있다.

② 환지계획의 작성 및 환지처분 등 환지에 관하여는 도시개발법 제27조 내지 제48조의 환지방식에 의한 사업시행에 관한 규정을 준용한다.

9. 대용량 전력 관련

데이터센터 개발을 위한 핵심 전제 요건은 대용량 전력의 확보입니다! 현재 관련 법령근거로서는 집단에너지사업법이 있습니다. 데이터센터 등 전력계통에 영향을 미칠 수 있는 대용량전력 소비 시설에 대한 '전력계통영향평가'도입을 추진 중이며, 이를 위한 근거로 2021년 7월 '분산에너지 활성화 특별법'이 발의되었습니다.

1) 집단에너지사업법(약칭: 집단에너지법)

[시행 2020. 8. 5.] [법률 제16947호, 2020. 2. 4., 일부개정]

산업통상자원부(분산에너지과), 044-203-5196

제1장 총칙 <개정 2010. 1. 18.>

제1조(목적) 이 법은 분산형전원으로서의 집단에너지공급을 확대하고, 집단에너지사업을 합리적으로 운영하며, 집단에너지시설의 설치·운용 및 안전에 관한 사항을 정함으로써 「기후변화에 관한 국제연합 기본협약」에 능동적으로 대응하고 에너지 절약과 국민생활의 편익증진에 이바지함을 목적으로 한다. <개정 2017. 11. 28.>

[전문개정 2010. 1. 18.]

제2조(정의) 이 법에서 사용하는 용어의 뜻은 다음과 같다. <개정 2017. 11. 28.>

1. "집단에너지"란 2개 이상의 사용자를 대상으로 공급되는 열 또는 열과 전기를 말한다.
2. "사업"이란 집단에너지를 공급하는 사업으로서 대통령령으로 정하는 기준에 맞는 사업을 말한다.
3. "사업자"란 제9조에 따라 사업의 허가를 받은 자를 말한다.
4. "사용자"란 사업자로부터 집단에너지를 공급받아 사용하는 자(집단에너지를 공급받으려는 자를 포함한다)를 말한다.
5. "집단에너지시설"이란 집단에너지의 생산·수송·분배 또는 사용을 위한 시설로서 공급시설과 사용시설을 말한다.
6. "공급시설"이란 집단에너지의 생산·수송 또는 분배를 위한 시설로서 사업자의 관리에 속하는 시설을 말한다.
7. "사용시설"이란 집단에너지의 사용을 위한 시설로서 사용자의 관리에 속하는 시설을 말한다.
8. "열생산자"란 열을 생산하거나 발생시키는 자를 말한다.

[전문개정 2010. 1. 18.]

제2장 집단에너지공급 <개정 2010. 1. 18.>

제3조(집단에너지공급기본계획) ① 산업통상자원부장관은 대통령령으로 정하는 바에 따라 5년마다 집단에너지공급기본계획(이하 "기본계획"이라 한다)을 수립하고 공고하여야 한다. 기본계획을 변경한 경우에도 공고하여야 한다. <개정 2013. 3. 23.>

② 제1항에 따른 기본계획에는 다음 각 호의 사항이 포함되어야 한다.

1. 집단에너지 공급에 관한 중·장기계획
2. 집단에너지 공급의 대상 및 기준
3. 집단에너지 공급에 따른 에너지 절약목표 및 대기오염물질 배출량의 감소목표
4. 그 밖에 집단에너지 공급에 관하여 필요하다고 인정하는 사항

③ 산업통상자원부장관은 기본계획을 수립하거나 변경하려면 미리 관계 중앙행정기관의 장과 협의하여야 한다. <개정 2013. 3. 23.>
[전문개정 2010. 1. 18.]

제4조(집단에너지 공급에 관한 협의) 중앙행정기관, 지방자치단체, 「공공기관의 운영에 관한 법률」 제5조에 따른 공기업(이하 "공기업"이라 한다) 또는 공공단체의 장은 주택건설사업, 택지개발사업, 산업단지개발사업, 그 밖에 대통령령으로 정하는 사업(이하 "개발사업"이라 한다)에 관한 계획을 수립하려면 산업통상자원부령으로 정하는 바에 따라 산업통상자원부장관과 집단에너지의 공급 타당성에 관한 협의를 하여야 한다. 그 계획을 변경하려는 경우에도 또한 같다. <개정 2013. 3. 23.>
[전문개정 2010. 1. 18.]

제5조(집단에너지공급대상지역의 지정) ① 산업통상자원부장관은 다음 각 호의 어느 하나에 해당할 때에는 대통령령으로 정하는

바에 따라 집단에너지공급대상지역(이하 "공급대상지역"이라 한다)을 지정하고 공고하여야 한다. 공고한 사항을 변경한 경우에도 또한 같다. <개정 2013. 3. 23.>

1. 기본계획을 실시하기 위하여 필요할 때
2. 제4조에 따른 협의 결과 집단에너지의 공급 타당성이 있을 때
3. 그 밖에 공급대상지역의 지정이 필요하다고 인정할 때

② 산업통상자원부장관은 제1항에 따라 공급대상지역을 지정하려면 미리 공급대상지역 지정에 관한 주요 내용을 30일 이상 공고하여야 하며, 해당 지역 주민 등 이해관계인과 개발사업을 시행하는 자의 의견을 듣고 관계 중앙행정기관의 장과 특별시장·광역시장·특별자치시장·도지사 또는 특별자치도지사(이하 "시·도지사"라 한다)와 협의하여야 한다. 공급대상지역을 지정한 후 협의한 사항을 변경할 때에도 또한 같다. 다만, 대통령령으로 정하는 경미한 사항을 변경할 때에는 그러하지 아니하다. <개정 2013. 3. 23., 2016. 1. 6.>

③ 특정지역에 집단에너지를 공급하려는 자는 산업통상자원부령으로 정하는 바에 따라 산업통상자원부장관에게 공급대상지역의 지정을 신청할 수 있다. 이 경우 산업통상자원부장관은 제1항 각 호의 어느 하나에 해당하는지를 검토하여 산업통상자원부령으로 정하는 기간 이내에 그 결과를 신청자에게 알려야 한다. <개정 2013. 3. 23.>

[전문개정 2010. 1. 18.]

제6조(열 생산시설의 신설 등의 허가 등) ① 공급대상지역에서 대통령령으로 정하는 기준 이상의 보일러 등 열 생산시설을 신설·개설 또는 증설하려는 자는 산업통상자원부장관의 허가를 받아야 한다. <개정 2013. 3. 23.>

② 제1항에 따라 허가받은 자가 허가받은 사항을 변경할 때에는 산업통상자원부장관의 변경허가를 받아야 한다. 다만, 대통령령으로 정하는 경미한 사항의 변경은 그러하지 아니하다. <개정 2013. 3. 23.>

③ 제1항 및 제2항에도 불구하고 공급대상지역의 지정·공고 당시 해당 공급대상지역에 이미 설치되어 있는 열 생산시설을 개설 또는 증설하는 경우 등 대통령령으로 정하는 경우에는 제1항 및 제2항에 따른 허가 또는 변경허가를 받지 아니할 수 있다. <신설 2016. 1. 6.>

④ 산업통상자원부장관은 제1항 또는 제2항에 따른 열 생산시설의 신설 등의 허가 또는 변경허가 신청이 있는 경우 다음 각 호의 어느 하나에 해당하는 경우에는 허가하여야 한다. <개정 2013. 3. 23., 2016. 1. 6.>

  1. 공급대상지역의 집단에너지 수요가 공급용량을 초과하는 경우
  2. 지역냉난방사업이 시행되는 공급대상지역의 주택 외의 건축물의

용도 특성상 별도의 냉방시설이나 증기발생시설이 필요한 경우
(해당 시설에 한한다)

　3. 허가 또는 변경허가 신청자가 사업자로부터 집단에너지를 안정적
　　으로 공급받지 못하는 경우

⑤ 산업통상자원부장관은 제1항 또는 제2항에 따른 허가 또는
변경허가를 받지 아니하고 공급대상지역에서 열 생산시설을
신설·개설 또는 증설한 자에게 원상회복을 명할 수 있다. <개정
2013. 3. 23., 2016. 1. 6.>

[전문개정 2010. 1. 18.]

제7조　삭제 <1999. 2. 8.>

제8조(자금 등의 지원) ① 국가나 지방자치단체는 집단에너지 공
급을 확대하기 위하여 사업자에게 필요한 자금 등을 지원할 수
있다.

② 개발사업을 시행하는 자는 대통령령으로 정하는 바에 따라
사업자가 공급대상지역에 대한 사업을 하는 데에 필요한 부지
확보 등의 지원을 하여야 한다.

③ 국가나 지방자치단체는 제1항에 따른 지원을 할 때에 천
연가스(액화한 것을 포함한다) 또는 「신에너지 및 재생에너지 개
발·이용·보급 촉진법」 제2조제1호 및 제2호에 따른 신에너지

및 재생에너지를 연료로 사용하는 사업자에 대하여 우선적으로 지원할 수 있다. <개정 2013. 7. 30.>

[전문개정 2010. 1. 18.]

제3장 사업의 허가 등 <개정 2010. 1. 18.>

제9조(사업의 허가) ① 사업을 하려는 자는 공급구역별로 산업통상자원부장관의 허가를 받아야 한다. 그 허가받은 사항 중 산업통상자원부령으로 정하는 사항을 변경할 때에도 또한 같다. <개정 2013. 3. 23.>

② 제1항에 따른 허가의 기준은 다음 각 호와 같다. <개정 2016. 1. 6.>

1. 사업의 개시가 일반인의 수요에 적합하고 에너지 절감, 환경개선 등 공공의 이익에 이바지할 수 있을 것
2. 공급용량이 공급구역의 수요에 적합할 것
3. 사업을 수행하는 데에 필요한 재원과 기술능력이 있을 것
4. 공급구역이 다른 사업자의 공급구역과 중복되지 아니할 것. 다만, 다음 각 목의 요건을 모두 충족하는 경우로서 산업통상자원부장관이 공급구역의 중복을 허용하여도 된다고 인정하는 경우에는 그러하지 아니하다.

　가. 허가를 신청하려는 공급구역이 공급대상지역이 아닐 것
　나. 허가를 신청하려는 공급구역에서 집단에너지를 공급하는 기존 사업자가 그 사업자만으로는 해당 공급구역의 수요를 충

족하기 어렵다고 인정하는 경우일 것

③ 제1항에 따른 허가의 절차와 그 밖에 필요한 사항은 산업통상자원부령으로 정한다. <개정 2013. 3. 23.>

[전문개정 2010. 1. 18.]

제10조(결격사유) 다음 각 호의 어느 하나에 해당하는 자는 사업의 허가를 받을 수 없다. <개정 2014. 1. 21., 2017. 11. 28.>

1. 피성년후견인
2. 파산선고를 받고 복권되지 아니한 자
3. 제15조에 따라 허가가 취소(제10조제1호 및 제2호에 해당하여 허가가 취소된 경우는 제외한다)된 후 2년이 지나지 아니한 자
4. 이 법이나 「에너지이용 합리화법」 또는 「전기사업법」을 위반하여 징역의 실형을 선고받고 그 집행이 끝나거나(집행이 끝난 것으로 보는 경우를 포함한다) 집행이 면제된 날부터 2년이 지나지 아니한 자
5. 이 법이나 「에너지이용 합리화법」 또는 「전기사업법」을 위반하여 징역형의 집행유예를 선고받고 그 유예기간 중에 있는 자
6. 임원 중에 제1호부터 제5호까지의 규정 중 어느 하나에 해당하는 자가 있는 법인

[전문개정 2010. 1. 18.]

제11조(공급시설의 설치 및 사업의 개시) ① 사업자는 산업통상자원부장관이 정하는 기간 내에 공급시설을 설치하고 사업을 개시하여야 한다. 이 경우 산업통상자원부장관은 공급구역별 또는

공급시설별로 그 기간을 정할 수 있다. <개정 2013. 3. 23.>

② 산업통상자원부장관은 사업자로부터 제1항에 따른 기간의 연장 신청을 받은 경우 정당한 사유가 있다고 인정할 때에는 그 기간을 연장할 수 있다. <개정 2013. 3. 23.>

[전문개정 2010. 1. 18.]

제12조(사업의 승계 등) ① 다음 각 호의 어느 하나에 해당하는 자는 종전의 사업자의 지위를 승계한다.

  1. 사업자가 사망한 경우 그 상속인
  2. 사업자가 그 사업의 전부 또는 일부를 양도한 경우 그 양수인
  3. 법인인 사업자가 합병한 경우 합병 후 존속하는 법인이나 합병으로 설립되는 법인

② 다음 각 호의 어느 하나에 해당하는 절차에 따라 공급시설의 전부를 인수한 자는 종전의 사업자의 지위를 승계한다. <개정 2010. 3. 31., 2016. 12. 27.>

  1. 「민사집행법」에 따른 경매
  2. 「채무자 회생 및 파산에 관한 법률」에 따른 환가(換價)
  3. 「국세징수법」, 「관세법」 또는 「지방세징수법」에 따른 압류재산의 매각
  4. 그 밖에 제1호부터 제3호까지의 규정에 준하는 절차

③ 제1항과 제2항에 따라 사업자의 지위를 승계한 자는 산업통

상자원부령으로 정하는 바에 따라 30일 이내에 산업통상자원부장관에게 신고하여야 한다. <개정 2013. 3. 23.>

④ 제1항에 따른 승계인의 결격사유에 관하여는 제10조를 준용한다.

[전문개정 2010. 1. 18.]

제13조 삭제 <1999. 2. 8.>

제14조(사업의 휴업·폐업 및 법인의 해산) ① 사업자가 그 사업의 전부 또는 일부를 휴업하거나 폐업하려면 산업통상자원부장관의 허가를 받아야 한다. <개정 2013. 3. 23.>

② 사업자인 법인의 해산결의 또는 해산에 대한 총사원(總社員)의 동의가 이루어진 경우 그 청산인은 지체 없이 산업통상자원부장관에게 신고하여야 한다. <개정 2013. 3. 23., 2016. 1. 6.>

③ 제1항에 따른 허가를 받아 사업을 휴업한 사업자가 그 사업을 다시 개시한 경우에는 산업통상자원부장관에게 신고하여야 한다. <개정 2013. 3. 23.>

[전문개정 2010. 1. 18.]

제15조(사업허가의 취소 등) ① 산업통상자원부장관은 사업자가 다음 각 호의 어느 하나에 해당하면 그 허가를 취소하거나 6개

월 이내의 기간을 정하여 그 사업의 정지를 명할 수 있다. <개정 2013. 3. 23.>

1. 속임수나 그 밖의 부정한 방법으로 제9조에 따른 허가 또는 변경 허가를 받은 경우
2. 제10조 각 호의 결격사유 중 어느 하나에 해당하게 된 경우
3. 제11조제1항에 따른 기간 또는 같은 조 제2항에 따라 연장된 기간 내에 공급시설의 설치 또는 사업의 개시를 하지 아니한 경우
4. 제16조제1항을 위반하여 정당한 사유 없이 집단에너지의 공급을 거부한 경우
5. 제20조에 따른 업무방법 등의 개선명령을 이행하지 아니한 경우
6. 제26조제2항에 따른 개선·교체, 사용정지 또는 사용제한 명령이나 공급중지 명령을 이행하지 아니한 경우

② 다음 각 호의 어느 하나에 해당하는 경우에는 제10조제6호에 해당하게 된 날 또는 상속을 시작한 날부터 6개월이 되는 날까지는 제1항을 적용하지 아니한다.

1. 법인이 제10조제6호에 해당하게 된 경우
2. 사업자의 지위를 승계한 상속인이 제10조제1호부터 제5호까지의 규정 중 어느 하나에 해당하게 된 경우

③ 산업통상자원부장관은 사업자가 제1항 각 호의 어느 하나에 해당하여 사업정지를 명하여야 하는 경우로서 그 사업의 정지가 사용자에게 심한 불편을 주거나 그 밖에 공익을 해칠 우려가 있는 경우에는 그 사업정지처분을 갈음하여 2천만원 이하의 과

징금을 부과·징수할 수 있다. <개정 2013. 3. 23.>

④ 제3항에 따라 과징금을 부과하는 위반행위의 종류, 위반 정도에 따른 과징금의 금액, 그 밖에 필요한 사항은 산업통상자원부령으로 정한다. <개정 2013. 3. 23.>

⑤ 산업통상자원부장관은 제3항에 따른 과징금을 내야 할 자가 납부기한까지 이를 내지 아니하면 국세 체납처분의 예에 따라 이를 징수한다. 다만, 제1항의 권한이 시·도지사에게 위임된 경우에는 시·도지사가 지방세 체납처분의 예에 따라 이를 징수한다. <개정 2013. 3. 23.>

[전문개정 2010. 1. 18.]

제4장 공급규정 등 <개정 2010. 1. 18.>

제16조(공급의무 등) ① 사업자는 그 허가받은 공급구역에 있는 사용자에게 정당한 사유 없이 집단에너지 공급을 거부하여서는 아니 된다.

② 열생산자는 제19조에 따라 사업자와 수급계약을 체결한 경우에는 정당한 사유 없이 그 열 공급을 거부하여서는 아니 된다.

③ 열생산자는 공급대상지역 내의 사용자에게 직접 열을 공급하여서는 아니 된다. <신설 2020. 2. 4.>

[전문개정 2010. 1. 18.][제목개정 2020. 2. 4.]

제17조(공급규정) ① 사업자는 산업통상자원부령으로 정하는 바에 따라 요금, 요금감면이나 그 밖의 공급조건에 관한 공급규정을 정하여 산업통상자원부장관에게 신고하여야 하며, 이를 변경하려는 경우에도 또한 같다. 이 경우 「전기사업법」 제16조에 따라 전기의 공급약관에 대하여 산업통상자원부장관의 인가 또는 변경인가를 받은 경우에는 공급규정 중 전기의 공급과 관련된 사항에 관하여 신고 또는 변경신고를 한 것으로 본다. <개정 2013. 3. 23., 2016. 1. 6.>

② 사업자가 제1항에 따라 공급규정을 신고 또는 변경신고하는 경우에는 대통령령으로 정하는 바에 따라 산업통상자원부장관이 지정·고시한 요금의 상한을 초과하여서는 아니 된다. <개정 2013. 3. 23.>

③ 사업자는 제1항에 따라 공급규정을 신고하거나 변경신고한 경우에는 지체 없이 사용자에게 그 요지를 문서로 알리고, 사업자의 인터넷 홈페이지에 공고하여야 한다.

④ 사업자는 제1항에 따라 신고 또는 변경신고를 한 공급규정에 따라 집단에너지를 공급하여야 한다.

⑤ 사용자는 제1항에 따라 신고 또는 변경신고를 한 공급규정에 따라야 한다.

[전문개정 2010. 1. 18.]

제18조(건설비용의 부담금) ① 사업자는 공급시설 건설비용의 전부 또는 일부를 그 사용자에게 부담하게 할 수 있다.

② 제1항에 따른 부담금은 용도별 부과 대상 단위에 단위당 기준단가를 곱하여 산정한 금액으로 한다. <신설 2016. 1. 6.>

③ 제1항에 따른 부담금의 세부 산정기준, 부과·징수방법 등에 관하여 필요한 사항은 대통령령으로 정한다. <개정 2016. 1. 6.>

[전문개정 2010. 1. 18.]

제19조(열생산자의 공급조건 등) ① 열생산자는 사업자에게 열을 공급하려면 산업통상자원부령으로 정하는 바에 따라 요금이나 그 밖의 공급조건에 관한 수급계약을 체결하여야 한다. <개정 2013. 3. 23.>

② 열생산자는 제1항에 따른 수급계약에 따라 열을 공급하여야 한다.

③ 열생산자나 사업자는 제1항에 따른 수급계약이 체결되지 아니하는 경우에는 산업통상자원부장관에게 조정을 신청할 수 있다. <개정 2013. 3. 23.>

④ 산업통상자원부장관은 제3항에 따른 조정신청을 받으면 이를 다른 당사자에게 알리고, 기간을 정하여 의견서를 제출할 기회를 주어야 한다. <개정 2013. 3. 23.>

⑤ 산업통상자원부장관은 제4항에 따른 기간이 지나면 조정안을 작성하여 당사자에게 그 수락을 권고하여야 한다. <개정 2013. 3. 23.>

제20조(업무방법 등의 개선명령) 산업통상자원부장관은 다음 각호의 어느 하나에 해당할 때에는 사업자에게 업무방법 등의 개선을 명할 수 있다. <개정 2013. 3. 23.>

  1. 사고로 집단에너지의 공급에 지장이 있음에도 불구하고 그 지장을 제거하기 위하여 필요한 수리나 그 밖의 조치를 신속히 하지 아니할 때
  2. 제11조에 따라 산업통상자원부장관이 정하는 기간에 공급시설의 설치 및 사업의 개시를 하지 아니하여 택지 또는 산업단지 개발에 지장을 초래할 우려가 있을 때
  3. 제17조제2항에 따른 산업통상자원부장관의 고시요금 상한을 초과하여 집단에너지를 공급할 때
  4. 제18조에 따라 사용자가 부담하는 건설비용의 전부 또는 일부를 제17조의 공급규정에서 정한 기준을 초과하여 부담하게 할 때
  5. 제23조에 따른 공급시설 검사를 받지 아니하거나 자체검사를 실시하지 아니할 때
  6. 그 밖에 집단에너지의 공급업무의 방법 등이 이 법을 위반하여 사용자의 편익을 해친다고 인정할 때

[전문개정 2010. 1. 18.]

제20조의2(회계의 처리 등) ① 사업자의 사업연도는 매년 1월 1일부터 12월 31일까지로 한다.

② 사업자(사업자가 지방자치단체인 경우는 제외한다)의 회계에 관하여는 「주식회사 등의 외부감사에 관한 법률」 제5조에 따라 금융위원회가 정하는 회계처리기준을 적용한다. <개정 2017. 10. 31.>

③ 사업자가 제2조제2호에 따른 사업 외의 사업을 함께 운영하는 경우에는 회계를 구분하여 처리하여야 한다.

[전문개정 2010. 1. 18.]

제20조의3(공급시설 건설비용의 적립) ① 제18조에 따라 공급시설 건설비용의 전부 또는 일부를 사용자에게 부담하게 하는 사업자 중 산업통상자원부령으로 정하는 자는 사업연도에 발생하는 미처분 이익잉여금 중 사용자가 부담한 금액(「법인세법」 제21조에 따른 제세공과금으로서 사용자가 공급시설 건설비용의 전부 또는 일부를 부담함으로써 발생하는 금액은 제외한다. 이하 같다)으로 취득한 공급시설에 대한 감가상각비에 해당되는 금액을 공급시설의 건설비용으로 매년 적립하여야 한다. <개정 2013. 3. 23.>

② 제1항에 따른 적립금의 적립방법 등에 관하여 필요한 사항은 산업통상자원부령으로 정한다. <개정 2013. 3. 23.>

[전문개정 2010. 1. 18.]

제5장 시설의 설치 및 운용 <개정 2010. 1. 18.>

제21조(기술기준) 산업통상자원부장관은 집단에너지시설의 설

치 및 운용에 필요한 기술기준(이하 "기술기준"이라 한다)을 정하여 고시하여야 한다. 이를 변경한 경우에도 또한 같다. <개정 2013. 3. 23.>

[전문개정 2010. 1. 18.]

제22조(공사계획의 승인 등) ① 사업자는 공급시설의 설치공사 또는 변경공사로서 산업통상자원부령으로 정하는 공사를 할 때에는 「산업안전보건법」 제42조 및 제43조에서 정하는 경우 외에는 그 공사계획에 대하여 산업통상자원부장관이 정하는 기간 내에 산업통상자원부장관의 승인을 받아야 한다. 이를 변경할 때에도 또한 같다. <개정 2013. 3. 23., 2019. 1. 15.>

② 사업자는 제1항의 공사로서 산업통상자원부령으로 정하는 경미한 공사 및 재해복구공사, 그 밖에 긴급하게 할 필요가 있는 공사를 한 경우에는 산업통상자원부령으로 정하는 바에 따라 산업통상자원부장관에게 신고하여야 한다. <개정 2013. 3. 23.>

③ 제1항에 따른 승인의 기준은 다음 각 호와 같다.

1. 공사계획이 제9조에 따른 허가 또는 변경허가를 받은 내용에 부합할 것
2. 공급시설이 기술기준에 맞을 것

④ 제1항의 기간의 연장에 관하여는 제11조제2항을 준용한다.

⑤ 제1항에 따른 승인 및 제2항에 따른 신고의 절차와 그 밖의 필

요한 사항은 산업통상자원부령으로 정한다. <개정 2013. 3. 23.>

[전문개정 2010. 1. 18.]

제23조(검사 등) ① 사업자는 공급시설의 설치공사나 변경공사를 한 경우에는 산업통상자원부령으로 정하는 바에 따라 그 공사의 공정별로 산업통상자원부장관의 검사를 받아 합격한 후에 이를 사용하여야 한다. 다만, 산업통상자원부령으로 정하는 공급시설은 산업통상자원부령으로 정하는 바에 따라 자체검사를 한 후 사용할 수 있다. <개정 2013. 3. 23.>

② 산업통상자원부장관은 안전에 지장이 없고 공급시설을 임시로 사용할 필요가 있다고 인정할 때에는 제1항에도 불구하고 사용기간 및 방법을 정하여 그 시설을 임시로 사용하게 할 수 있다. <개정 2013. 3. 23.>

③ 사업자는 공급시설에 대하여 산업통상자원부령으로 정하는 바에 따라 정기적으로 산업통상자원부장관의 검사를 받아야 한다. <개정 2013. 3. 23.>

④ 산업통상자원부장관은 제1항이나 제3항에 따른 검사에 합격한 사업자에게 지체 없이 검사의 유효기간이 적힌 검사증을 발급하여야 한다. <개정 2013. 3. 23.>

⑤ 사업자는 제1항 단서에 따라 자체검사를 한 경우에는 산업통상자원부령으로 정하는 바에 따라 산업통상자원부장관에게 그 기록을 제출하여야 한다. <개정 2013. 3. 23.>

제23조의2(공급시설의 관리 등) ① 사업자는 노후화된 열수송관(열매체를 수송하는 기기 및 그 부속기기로서 산업통상자원부장관이 정하는 시설을 말한다. 이하 같다)에 대하여 산업통상자원부령으로 정하는 기관으로부터 안전진단을 받아야 한다.

② 산업통상자원부장관은 제1항에 따른 안전진단의 대상, 시기, 교체기준 및 조치, 그 밖에 안전진단 실시 등에 필요한 세부사항을 정하여 고시하여야 한다. 이를 변경한 경우에도 또한 같다.

③ 사업자는 제1항에 따른 열수송관 안전진단 결과 제2항에 따른 교체기준에 해당하는 등 조치가 필요한 경우 그 이행계획을 수립하여 산업통상자원부장관에게 제출하고 이를 이행하여야 한다.

[본조신설 2020. 2. 4.]

제24조(확인점검) ① 산업통상자원부장관은 다음 각 호의 어느 하나에 해당하는 경우에는 소속 공무원에게 사업자의 사업장에 출입하여 공급시설이나 그 밖에 안전관리와 관련된 물건을 확인점검하게 할 수 있다. <개정 2013. 3. 23.>

  1. 제20조에 따른 업무방법 등의 개선명령을 할 사유가 있는지를 확

인하기 위하여 필요한 경우

2. 제21조에 따른 집단에너지시설 기술기준에 맞는지를 확인하기 위하여 필요한 경우

3. 제23조제2항에 따른 공급시설의 임시사용을 허용할 것인지를 판단하기 위하여 필요한 경우

4. 제26조제2항에 따라 집단에너지시설의 개선·교체, 사용정지 또는 사용제한 명령이나 공급중지 명령을 할 사유가 있는지를 확인하기 위하여 필요한 경우

5. 그 밖에 이 법에 따른 공급시설의 안전관리를 위하여 필요한 경우

② 산업통상자원부장관은 다음 각 호의 어느 하나에 해당하는 경우에는 소속 공무원에게 사용시설의 설치장소에 출입하여 사용시설을 확인점검하게 할 수 있다. 다만, 사용시설의 설치장소가 주거용으로 사용되고 있는 경우에는 그 점검일시 및 기간에 관하여 미리 거주자와 협의하여야 한다. <개정 2013. 3. 23.>

1. 제17조제1항에 따른 공급규정의 준수 여부 등을 판단하기 위하여 필요한 경우

2. 제21조에 따른 집단에너지시설 기술기준에 맞는지를 확인하기 위하여 필요한 경우

3. 제26조제2항에 따라 집단에너지시설의 개선·교체, 사용 정지 또는 사용제한 명령을 할 사유가 있는지를 확인하기 위하여 필요한 경우

4. 그 밖에 이 법에 따른 사용시설의 안전관리를 위하여 필요한 경우

③ 산업통상자원부장관은 제6조제1항 또는 제2항에 따른 허가

또는 변경허가를 받지 아니하고 열 생산시설을 신설·개설 또는 증설하였는지를 확인하기 위하여 필요한 경우에는 소속 공무원에게 그 사업장에 출입하여 열 생산시설이나 그 밖에 안전관리와 관련된 물건을 확인점검하게 할 수 있다. <개정 2013. 3. 23.>

④ 제1항부터 제3항까지의 규정에 따라 확인점검을 하는 자는 그 권한을 표시하는 증표를 지니고 관계인에게 내보여야 한다.

[전문개정 2010. 1. 18.]

제25조(사용시설의 점검) ① 사업자는 사용시설이 기술기준에 맞는지를 산업통상자원부령으로 정하는 바에 따라 점검하여야 한다. <개정 2013. 3. 23.>

② 사업자는 제1항에 따른 점검을 한 경우에는 사용자에게 그 점검 결과를 알리고, 산업통상자원부령으로 정하는 바에 따라 점검증명서를 발급하여야 한다. <개정 2013. 3. 23.>

③ 사업자는 제1항에 따른 점검을 한 경우에는 산업통상자원부령으로 정하는 바에 따라 그 기록을 작성·보존하여야 한다. <개정 2013. 3. 23.>

④ 제1항에 따른 점검에 관하여는 제24조제2항 단서 및 제4항을 준용한다.

[전문개정 2010. 1. 18.]

제26조(시설의 유지 등) ① 사업자와 사용자는 집단에너지시설을 기술기준에 맞도록 유지하여야 한다.

② 산업통상자원부장관은 공중(公衆)의 위해(危害)를 방지하기 위하여 긴급히 조치할 필요가 있다고 인정할 때에는 사업자나 사용자에게 그 집단에너지시설의 개선·교체·사용정지 또는 사용제한을 명하거나 사업자에게 집단에너지의 공급중지를 명할 수 있다. <개정 2013. 3. 23.>

[전문개정 2010. 1. 18.]

제27조(안전관리규정) ① 사업자는 공급시설의 안전관리를 위하여 산업통상자원부령으로 정하는 기준에 따라 안전관리규정을 정하여 사업을 개시하기 전에 산업통상자원부장관에게 신고하여야 한다. 이를 변경한 경우에도 또한 같다. <개정 2013. 3. 23.>

② 사업자와 그 종사자는 제1항에 따른 안전관리규정을 지켜야 한다.

[전문개정 2010. 1. 18.]

제7장 보칙<개정 2010. 1. 18.>

제45조(공공용 토지의 사용) ① 사업자는 도로·교량·하수구·하천·제방, 그 밖의 공공용 토지의 지상 또는 지하에 공급시설을 설치할 필요가 있을 때에는 그 효용을 방해하지 아니하는 범위

에서 관리자의 허가를 받아 이를 사용할 수 있다.

② 공공용 토지의 관리자는 정당한 사유 없이 제1항에 따른 사용을 거부하여서는 아니 된다.

[전문개정 2010. 1. 18.]

제46조(토지등의 수용·사용) ① 사업자는 공급시설의 설치나 이를 위한 실지조사·측량 및 시공 또는 공급시설의 유지·보수를 위하여 필요할 때에는 타인의 토지 또는 이에 정착한 건물이나 그 밖의 물건(이하 "토지등"이라 한다)을 수용 또는 사용하거나 타인의 식물이나 그 밖의 장애물(이하 "식물등"이라 한다)을 변경 또는 제거할 수 있다.

② 제1항에 따른 수용·사용·변경 또는 제거의 절차 등에 관하여는 「공익사업을 위한 토지 등의 취득 및 보상에 관한 법률」을 준용한다.

③ 사업자는 다음 각 호의 어느 하나에 해당할 때에는 제2항에도 불구하고 타인의 토지등을 일시사용하거나 타인의 식물등을 변경 또는 제거할 수 있다. 다만, 타인의 토지등이 주거용으로 사용되고 있을 때에는 그 사용일시 및 기간에 관하여 미리 거주자와 협의하여야 한다.

  1. 천재지변이나 그 밖의 긴급한 사태로 인하여 공급시설이 손괴(損壞)되거나 손괴될 우려가 있는 경우 15일 이내에서의 타인의 토지

등의 일시사용

2. 공급시설에 장애를 주는 식물등의 방치로 인하여 해당 공급시설이 현저하게 손괴되거나, 누수 또는 그 밖의 재해가 일어날 우려가 있다고 인정하는 경우 그 식물등의 변경 또는 제거

④ 사업자는 제3항에 따라 타인의 토지등을 일시사용하거나 타인의 식물등을 변경 또는 제거한 경우에는 즉시 그 소유자나 점유자에게 그 사실을 알려야 한다.

⑤ 사업자는 제1항이나 제3항에 따른 수용·사용·변경 또는 제거로 인하여 토지등의 소유자 또는 점유자에게 손실을 입힌 경우에는 「공익사업을 위한 토지 등의 취득 및 보상에 관한 법률」을 준용하여 이를 보상하여야 한다.

[전문개정 2010. 1. 18.]

제47조(사업자의 재결신청기간) 사업자가 제22조에 따라 공사계획의 승인을 받은 후 「공익사업을 위한 토지 등의 취득 및 보상에 관한 법률」에 따른 수용 또는 사용을 하려 할 때에 협의를 할 수 없거나 협의가 성립되지 아니하는 경우의 토지등의 수용 또는 사용에 관한 재결신청은 「공익사업을 위한 토지 등의 취득 및 보상에 관한 법률」 제23조제1항 및 같은 법 제28조제1항에도 불구하고 제11조에 따른 사업의 개시기간 내에 할 수 있다.

[전문개정 2010. 1. 18.]

제48조(「전기사업법」과의 관계) ① 이 법에 따른 전기의 공급에 관하여 사업자가 제9조에 따라 사업의 허가 또는 변경허가를 받은 경우에는 「전기사업법」 제7조제1항에 따른 발전사업의 허가를 받은 것으로 본다.

② 집단에너지시설 중 산업통상자원부령으로 정하는 전기설비의 설치·유지 및 보수 등에 관한 안전관리에 대하여는 「전기사업법」에서 정하는 바에 따른다. <개정 2013. 3. 23.>

[전문개정 2010. 1. 18.]

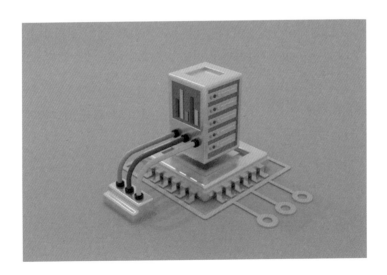

2) 분산에너지 활성화 특별법안(약칭: 분산에너지법)

[2021.7.27 발의]

에너지 정책 변화의 전망차원에서 참조(법안 핵심 발췌)

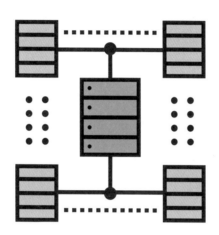

제1장 총칙

제1조(목적) 이 법은 분산에너지 활성화를 위한 기반 조성 및 분산에너지 확대에 필요한 사항을 정함으로써 에너지 관련 첨단기술 활용을 통하여 분산에너지를 활성화하고 에너지공급의 안정을 증대하여 국민경제의 발전에 이바지함을 목적으로 한다.

제2조(정의) 이 법에서 사용하는 용어의 뜻은 다음과 같다.

1. "분산에너지"란 에너지를 사용하는 공간·지역 또는 인근지역에서 공급하거나 생산하는 에너지로서 대통령령으로 정하는 일정 규모 이하의 에너지를 말한다.

2. "분산에너지사업"이란 분산에너지를 공급하는 사업으로서 다음 각 목의 어느 하나에 해당하는 사업을 말한다.

　가. 집단에너지사업: 「집단에너지사업법」 제2조제2호에 따른 사업

　나. 구역전기사업: 「전기사업법」 제2조제11호에 따른 사업

　다. 분산에너지 통합발전소사업: 「전기사업법」 제2조제22호에 따른 사업 중 분산에너지자원을 활용한 사업

　라. 신재생에너지사업: 「신에너지 및 재생에너지 개발·이용·보급 촉진법」 제2조제1호에 따른 신에너지 및 제2조제2호에 따른 재생에너지 중 대통령령으로 정하는 에너지를 공급하는 사업

　마. 연료전지발전사업: 「수소경제 육성 및 수소 안전관리에 관한 법률」 제2조제6호에 따른 연료전지 중 대통령령으로 정하는 전기를 공급하는 사업

　바. 수소발전사업: 수소가스를 원료로 하는 발전사업으로 대통령령으로 정하는 발전규모 이하의 사업

　사. 저장전기판매사업: 생산된 전기를 전기저장장치에 저장했다가 전력이 필요할 때 판매하는 사업

　아. 소규모전기공급사업: 대통령령으로 정하는 종류 및 규모의

「신에너지 및 재생에너지 개발·이용·보급 촉진법」 제2조제3호에 따른 신에너지 및 재생에너지 설비를 이용하여 생산한 전기를 전력시장을 통하지 아니하고 대통령령으로 정하는 구역의 전기사용자에게 공급하는 것을 주된 목적으로 하는 사업

자. 소규모전력중개사업: 「전기사업법」 제2조제12호의6에 따른 사업

차. 수요관리사업: 「전기사업법」 제31조제5항에 따른 수요관리사업자가 수요반응자원을 이용하여 발전기의 전력생산 및 수급 조절 기능을 대체하는 사업

3. "분산에너지사업자"란 분산에너지사업을 영위하는 자로서 다음 각 목의 어느 하나에 해당하는 자를 말한다.

가. 제8조에 따라 분산에너지 통합발전소사업의 허가를 받은 자

나. 제9조에 따라 분산에너지 통합발전소사업 외의 분산에너지 사업의 등록을 한 자

다. 제9조제1항에 따라 분산에너지사업자로 의제를 받은 자

4. "배전사업자"란 「전기사업법」 제2조제8호에 따른 배전사업자를 말한다.

5. "송전사업자"란 「전기사업법」 제2조제6호에 따른 송전사업자를 말한다.

6. "전기판매사업자"란 「전기사업법」 제2조제10호에 따른 전기판매사업자를 말한다.

7. "배전망"란 배전사업자가 소유·관리하는 배전선로, 변압기, 개폐장치 및 기타의 전기설비를 말한다.

8. "송전망"란 송전사업자가 소유·관리하는 송전설로, 변압기, 개폐장치 및 기타의 전기설비를 말한다.

9. "전력계통영향평가"란 일정규모 이상의 전기사용시설 및 공동주택단지 등의 시행에 따라 「전기사업법」 제2조제14호에 따른 전력계통에 발생하는 전기의 원활한 흐름·품질유지 및 전력의 안정적 공급과 사용에 영향을 조사·예측·평가하고 그와 관련된 각종 문제점을 최소화할 수 있는 방안을 마련하는 행위를 말한다.

10. "분산에너지특화지역"이란 제43조에 따라 지정·고시된 지역으로서 분산에너지의 생산·저장·거래·사용에 관한 「행정규제기본법」 제2조제1항제1호에 따른 행정규제의 일부 또는 전부에 대한 적용을 제외하거나 규제권한을 이양하는 분산에너지를 주된 에너지로 사용하는 지역을 말한다. 다만, 구역전기 공급구역이 분산에너지특화지역에 포함될 경우에는 구역전기 공급구역 전체를 포함한다.

제3조(국가 등의 책무) ① 국가 및 지방자치단체는 분산에너지 활성화에 필요한 시책을 수립하고 추진하여야 한다.

② 분산에너지사업자는 분산에너지 활성화에 필요한 기술개발·사업화 촉진 및 안정적 공급을 위하여 노력하여야 한다.

제4조(다른 법률과의 관계) 이 법은 분산에너지 활성화에 관하여는「신에너지 및 재생에너지 개발·보급·이용 촉진법」,「지능형전력망의 구축 및 이용촉진에 관한 법률」,「전기사업법」등 다른 법률에도 불구하고 우선하여 적용한다. 다만,「전기사업법」제27조의2, 제29조 및 제46조와 관련된 사항은 그러하지 아니한다.

제2장 분산에너지 활성화 기본계획 등

제5조(분산에너지 활성화 기본계획 등) ① 산업통상자원부장관은 이 법의 목적을 효율적으로 달성하기 위하여 10년 이상을 계획기간으로 하는 5년 단위의 분산에너지활성화 기본계획(이하 "기본계획"이라 한다) 및 연도별 시행계획(이하 "시행계획"이라 한다)을 수립·시행하여야 한다.

② 기본계획에는 다음 각 호의 사항이 포함되어야 한다.

1. 분산에너지 활성화 중·장기 정책목표 및 방향에 관한 사항
2. 분산에너지 활성화를 위한 제도의 수립 및 정비에 관한 사항
3. 자가소비에 대한 유인체계 등 분산에너지 활성화 추진방안에 관한 사항
4. 부문 간 결합 등을 포함한 분산에너지 보급량에 관한 사항
5. 마을 단위의 전력망 운영·관리 등 분산에너지 생산·소비 체계 마련에 관한 사항

6. 분산에너지 활성화에 필요한 투자의 확대를 위한 재원조달 계획에 관한 사항

7. 분산에너지 활성화의 체계적 촉진에 관한 사항

8. 분산에너지 활성화의 사회적 수용성 제고에 관한 사항

9. 복합 에너지 충전시설 등 분산에너지 활성화 촉진을 위한 기반 조성에 관한 사항

10. 그 밖에 산업통상자원부장관이 정하는 분산에너지 활성화 촉진에 관한 중요 사항

③ 산업통상자원부장관은 기본계획을 수립하거나 변경하려는 때에는 관계 중앙행정기관의 장과 협의를 한 후「에너지법」제9조에 따른 에너지위원회(이하 "에너지위원회"라 한다)의 심의를 거쳐 국무회의에 보고하여야 한다.

④ 산업통상자원부장관은 기본계획 및 시행계획을 수립하는 데 필요한 경우에는 관계 중앙행정기관의 장 및 관련 단체·기관의 장에게 자료의 제출을 요청할 수 있다. 이 경우 자료제출을 요청받은 관계 중앙행정기관의 장 또는 관련 단체·기관의 장은 특별한 사유가 없으면 이에 따라야 한다.

⑤ 제1항부터 제4항까지에서 규정한 사항 외에 기본계획 및 시행계획의 수립·시행에 필요한 사항은 대통령령으로 정한다.

제6조(분산에너지 실태조사) ① 산업통상자원부장관은 다음 각 호의 사항을 고려하여 분산에너지 활성화 수준을 파악하는 데 필

요한 실태조사를 할 수 있다.

 1. 분산에너지의 현황 및 전망
 2. 분산에너지 활성화 촉진과 관련된 기술현황
 3. 그 밖에 산업통상자원부장관이 인정하는 분산에너지 활성화 촉진 정책과 제도 정비에 필요한 현황

② 산업통상자원부장관은 제1항의 결과를 반영하여 기본계획을 수립하여야 한다.

③ 제1항에 따른 실태조사의 시기, 방법, 절차 등에 필요한 사항은 대통령령으로 정한다.

제7조(분산에너지 개발 및 활성화 관계 법령의 개선 권고 등) ① 산업통상자원부장관은 분산에너지 개발 및 활성화 촉진과 관련된 법령의 합리적인 개선을 위하여 해당 법령을 관장하는 관계 중앙행정기관의 장에게 의견을 개진하거나 권고할 수 있다.

② 제1항에 따라 법령의 개선의견 또는 권고를 받은 관계 중앙행정기관의 장은 특별한 사유가 없으면 산업통상자원부장관의 개선의견 또는 권고를 존중하여 해당 법령을 제정하거나 개정하여야 한다.

③ 제1항에 따른 법령의 개선의견 또는 권고를 받은 관계 중앙행정기관의 장이 산업통상자원부장관의 의견이나 권고를 수용하지 않을 경우에는 그에 대한 특별한 사유를 설명하여야 한다.

제4장 분산에너지 설치의무 등

제15조(분산에너지 사용량의 할당 등) ① 산업통상자원부장관은 다음 각 호에 해당하는 자(이하 "의무설치자"라 한다)에게 에너지사용량의 일정 비율 이상을 분산에너지를 사용하도록 분산에너지설비 설치계획서를 제출하도록 할 수 있다.

1. 「건축법」 제2조제2호에 따른 건축물로서 대통령령으로 정하는 일정규모 이상의 에너지를 사용하는 신축 또는 대수선하는 건축물의 소유자

2. 다음 각 목의 어느 하나에 해당하는 자

    가. 「택지개발촉진법」의 택지개발사업자

    나. 「도시개발법」의 도시개발사업자

    다. 「혁신도시 조성 및 발전에 관한 특별법」의 혁신도시개발사업자

    라. 「기업도시개발 특별법」의 기업도시개발사업자

    마. 「도시재생 활성화 및 지원에 관한 특별법」에 따른 도시재생사업자

    바. 「첨단의료복합단지 육성에 관한 특별법」 제2조제1호에 따른 첨단의료복합단지 사업자

    사. 「혁신도시 조성 및 발전에 관한 특별법」 제2조제3호에 따른 혁신도시 운영자

    아. 「산업입지 및 개발에 관한 법률」 제2조제8호에 따른 산업단지 중 대통령령으로 정하는 산업단지 관리자

자. 그 밖에 분산에너지 보급을 촉진하기 위하여 분산에너지 사용이 필요한 지역, 지구 등으로서 대통령령으로 정하는 곳의 관리자

② 제1항에 따른 분산에너지 설비 설치량(이하 "의무설치량"이라 한다)은 연도별로 대통령령으로 정하는 바에 따라 정한다.

③ 산업통상자원부장관은 의무설치자에게 의무설치량을 정하는 경우 다음 각 호의 사항을 고려하여야 한다.

1. 기본계획 및 시행계획
2. 의무설치자의 분산에너지 관련 시설의 설치현황 및 에너지 사용량
3. 분산에너지 관련 시설의 적합성 정도
4. 타 법률에서 분산에너지 설치와 관련한 의무부과 여부
5. 그 밖에 산업통상자원부령으로 정하는 사항

④ 의무설치자는 산업통상자원부령으로 정하는 바에 따라 제2항에 따른 분산에너지 설비 설치량의 산정 결과를 산업통상자원부장관에게 제출하여야 한다.

⑤ 산업통상자원부장관은 제2항에 따라 의무설치량을 정하는 경우에 필요한 자료를 관계 행정기관, 공공기관 등에게 요청할 수 있다.

제7장 전력계통영향평가의 실시

제29조(전력계통영향평가의 실시대상) ① 제2항에 따라 지정·고시된 전력계통영향평가 대상 지역에서 대통령령으로 정하는 일정 규모 이상의 전기를 사용하려는 사업자(이하 "계통영향사업자"라 한다)는 전력계통영향평가를 실시하여야 한다. 다만, 다음 각 호의 어느 하나에 해당하는 사업에 대하여는 전력계통영향평가를 실시하지 아니할 수 있다.

1. 「재난 및 안전관리 기본법」 제37조에 따른 응급조치를 위한 사업
2. 국방부장관이 군사상의 기밀보호가 필요하거나 군사작전의 긴급한 수행을 위하여 필요하다고 인정하여 산업통상자원부장관과 협의한 사업
3. 국가정보원장이 국가안보를 위하여 필요하다고 인정하여 산업통상자원부장관과 협의한 사업
4. 그 밖에 첨단산업 등의 유치에 필요한 사업으로서 대통령령으로 정하는 사업

② 산업통상자원부장관은 전력계통영향평가의 대상 지역을 대통령령으로 정하는 바에 따라 지정하여 고시하여야 한다.

③ 전력계통영향평가의 평가항목 및 내용 등 세부기준과 그 밖에 필요한 사항은 대통령령으로 정한다.

제30조(전력계통영향평가서의 제출·검토 등) ① 계통영향사업자는 대상사업 또는 그 사업계획(이하 "사업계획등"이라 한다)에 대한 승

인·인가·허가 또는 지정 등(이하 "승인등"이라 한다)을 받아야 하는 경우에는 그 승인등을 신청하기 전에 미리 산업통상자원부장관에게 대통령령으로 정하는 시기까지 전력계통영향을 평가한 결과서(이하 "전력계통영향평가서"라 한다)를 제출하여야 한다.

② 산업통상자원부장관은 전력계통영향평가서가 제29조제3항에 따른 세부기준에 맞지 아니한 경우에는 보완하게 할 수 있다.

③ 산업통상자원부장관은 전력계통영향평가서의 검토를 위하여 필요한 경우에는 관련 전문기관 또는 전문가의 의견을 들을 수 있으며, 전력계통분야의 전문성을 보유한 기관으로서 대통령령으로 정하는 기관의 장에게 검토를 대행하게 하거나 소속 전문가의 파견 또는 그 밖의 필요한 협조를 요청할 수 있다.

④ 산업통상자원부장관은 제1항에 따라 제출된 전력계통영향평가서를 검토하는 경우 제32조에 따른 전력계통영향평가심의위원회의 심의를 거쳐야 한다.

⑤ 산업통상자원부장관은 전력계통영향평가서를 검토한 결과 다음 각 호에 해당하는 사항(이하 "개선필요사항등"이라 한다)이 있는 경우에는 산업통상자원부령으로 정하는 바에 따라 계통영향사업자에게 통보하여야 한다.

1. 전력계통영향평가서의 개선이 필요한 사항
2. 사업계획등의 조정·보완
3. 그 밖에 해당 사업의 시행에 따른 전력계통영향을 최소화하기 위

하여 필요한 조치

⑥ 제5항에 따른 통보는 전력계통영향평가서를 접수한 때부터 3개월 이내에 하여야 한다. 이 경우 관계 기관과의 협의에 걸리는 기간은 제외한다.

제31조(이의신청) ① 계통영향사업자는 제30조제5항에 따라 통보받은 개선필요사항등에 대하여 이의가 있는 경우 대통령령으로 정하는 절차에 따라 산업통상자원부장관에게 이의신청을 할 수 있다.

② 제1항에 따른 이의신청을 받은 산업통상자원부장관은 대통령령으로 정하는 절차에 따라 이의신청 내용의 타당성을 검토하고 그 결과를 신청인에게 통보하여야 한다.

제32조(전력계통영향평가심의위원회의 설치) ① 전력계통영향평가서를 심의하기 위하여 산업통상자원부에 전력계통영향평가심의위원회를 둔다.

② 전력계통영향평가심의위원회의 구성과 운영에 필요한 사항은 대통령령으로 정한다.

제33조(개선필요사항등의 반영 및 확인 등) ① 계통영향사업자는 제30조제5항에 따라 개선필요사항등을 통보받은 경우에는 그 내

용을 반영한 사업계획등을 산업통상자원부장관에게 제출하여
야 한다.

② 산업통상자원부장관은 제1항에 따라 제출받은 사업계획등
에 대하여 개선필요사항등이 반영되었는지를 확인하여야 한다.

제34조(전력계통영향평가서의 변경) ① 계통영향사업자는 개선필
요사항등을 통보받은 후 대통령령으로 정하는 기간 이내에 사
업을 착공하지 아니하거나 대통령령으로 정하는 사유가 발생하
여 개선필요사항등에 따라 사업계획등을 시행하는 것이 부적합
하게 된 경우에는 해당 개선필요사항등에 관련된 전력계통영향
평가서의 내용을 변경하여 산업통상자원부장관에게 제출하여
야 한다.

② 제1항에 따른 전력계통영향평가서의 변경에 관하여는 제30
조·제31조 및 제33조를 준용한다.

10. 산업단지 관련

현재 데이터센터를 위한 부지선정의 효율성과 효과성을 제고하기 위해서는 산업단지내 부지검토도 적극 필요합니다. 산업단지는 전반적으로 민원 이슈로부터 자유롭고, 방송통신시설로의 지구단위계획 지정, 대용량 전력의 확보 등이 용이하기 때문입니다. 다만 현재 일부 산업단지는 구조고도화사업 및 재생사업지구 설치운영 등의 조례가 적용되고 있기에 이 부분에 대한 선제적 분석이 필요합니다. (참고로 아직은 구조구도화 및 재생사업지구 설치운영 등의 조례에서 데이터센터에 특화된 세부 규정사항이 없기에 개별 지자체에서 진행한 '산업단지 구조고도화 사업 및 지식산업센터 활성화에 관한 조례' 등의 직·간접 벤치마킹할 사례를 소개합니다.)

1) 산업입지 및 개발에 관한 법률(약칭: 산업입지법)

[시행 2022. 2. 11.] [법률 제18390호, 2021. 8. 10., 일부개정]

국토교통부(산업입지정책과), 044-201-3676, 3677
국토교통부(산업입지정책과_조성원가), 044-201-3683
국토교통부(산업입지정책과_개발사업 협의), 044-201-3678, 3695
국토교통부(산업입지정책과_재생사업), 044-201-3681, 3643

제37조(개발사업의 준공인가) ① 사업시행자가 산업단지개발사업을 완료하였을 때에는 지체 없이 대통령령으로 정하는 바에 따라 실시계획승인권자의 준공인가를 받아야 한다.

② 제1항에 따라 준공인가 신청을 받은 실시계획승인권자는 지체 없이 준공검사를 하여야 한다. 이 경우 실시계획승인권자는 효율적인 준공검사를 위하여 필요하면 공기업 등 대통령령으로 정하는 기관에 의뢰하여 준공검사를 할 수 있다.

③ 준공인가 신청 내용에 포함된 공공시설을 인수하거나 관리

하게 될 국가기관 또는 지방자치단체의 장은 해당 산업단지의 실시계획승인권자에게 준공검사에 참여할 것을 요청할 수 있다. 이 경우 실시계획승인권자는 특별한 사유가 없으면 요청에 따라야 한다.

④ 실시계획승인권자는 제2항에 따른 준공검사 결과 실시계획 대로 완료된 경우에는 준공인가를 하고 국토교통부령으로 정하는 바에 따라 이를 공고한 후 사업시행자에게 통지하여야 하며, 실시계획대로 완료되지 아니한 경우에는 지체 없이 보완시공 등 필요한 조치를 명하여야 한다. <개정 2013. 3. 23.>

⑤ 실시계획승인권자가 제1항에 따른 준공인가를 하였을 때에는 대통령령으로 정하는 바에 따라 공고하고 이를 사업시행자에게 통지하여야 한다.

⑥ 사업시행자가 제1항에 따른 준공인가를 받은 때에는 제21조와 제23조에 따라 실시계획 승인으로 의제되는 인·허가등에 따른 해당 사업의 준공검사 또는 준공인가를 받은 것으로 본다.

⑦ 제1항에 따른 준공인가 전에는 산업단지개발사업으로 조성된 용지나 설치된 시설물을 사용할 수 없다. 다만, 사업시행자(제16조제1항제3호 중 산업단지개발계획에 적합한 시설을 설치하여 입주하려는 자는 제외한다)가 산업단지개발사업에 지장이 없다고 인정하는 경우에는 그러하지 아니하다.

⑧ 제16조제1항제3호 중 해당 산업단지개발계획에 적합한 시

설을 설치하여 입주하려는 자의 자격으로 사업시행자 지정을 받은 자가 준공인가 전에 그 시설을 사용할 필요가 있는 경우에는 실시계획 승인권자의 사전 승인을 받아야 한다. [전문개정 2011. 8. 4.]

2) 산업집적활성화 및 공장설립에 관한 법률(약칭: 산업집적법)

[시행 2022. 4. 20.] [법률 제18501호, 2021. 10. 19., 일부개정]

산업통상자원부(입지총괄과), 044-203-4409
산업통상자원부(입지총괄과_개별입지), 044-203-4435
산업통상자원부(입지총괄과_계획입지), 044-203-4437
산업통상자원부(입지총괄과_농공단지), 044-203-4431
산업통상자원부(입지총괄과_구조고도화), 044-203-4434

제5장의2 산업단지구조고도화사업의 추진 <신설 2010. 4. 12.>

제45조의2(산업단지구조고도화사업계획의 수립) ① 관리권자는 「산업입지 및 개발에 관한 법률」 제37조에 따른 준공인가를 받은 산업단지가 다음 각 호의 어느 하나에 해당하는 경우에는 제45조의3에 따른 사업시행자(이하 이 장에서 "사업시행자"라 한다)로 하여금 산업단지구조고도화사업(「산업입지 및 개발에 관한 법률」 제2조제9호가목·다목·라목에도 불구하고 대통령령으로 정하는 건축사업을 포함한다. 이하 같다)을 시행하게 할 수 있다. <개정 2011. 8. 4., 2015. 5. 18.>

1. 산업 여건의 변화, 주변 지역의 도시화 등으로 산업단지의 업종 고 부가가치화 및 산업재배치가 필요한 경우

2. 입주기업체의 경영활동을 지원하기 위하여 산업기반시설·산업
   집적기반시설·공공시설 등의 유지·보수·개량 및 확충이 필요한
   경우
3. 그 밖에 입주기업체의 지원 및 산업단지의 경쟁력을 강화하기 위
   하여 관리권자가 필요하다고 인정하는 경우

② 관리기관은 착공일 기준 20년이 경과된 국가산업단지 및 일
반산업단지에 대하여 10년 단위의 산업단지구조고도화계획(이
하 "구조고도화계획"이라 한다)을 착공일 기준 20년이 경과된 날부
터 1년 이내에 수립하여 관리권자에게 보고하여야 한다. <신설
2014. 1. 21.>

③사업시행자가 산업단지구조고도화사업을 실시하려는 경우
에는 다음 각 호의 사항을 포함한 구조고도화계획을 수립하여
관리권자의 승인을 받아야 한다. 대통령령으로 정하는 중요한
사항을 변경하려는 때에도 또한 같다. <개정 2011. 7. 25., 2014. 1.
21., 2015. 5. 18.>

   1. 산업단지구조고도화사업 대상 산업단지의 현황 및 경쟁력 분석
   2. 산업단지구조고도화사업 대상 산업단지의 발전전략과제
   3. 산업단지구조고도화사업의 시행기간 및 시행자
   4. 산업단지구조고도화사업 예정지구의 위치 및 면적
   5. 산업단지구조고도화사업 예정지구의 현황 및 경쟁력 분석
   6. 산업단지구조고도화사업의 시행방법
   7. 토지이용계획의 변경에 관한 사항

8. 산업집적기반시설·산업기반시설·공공시설 등의 정비 및 확충 방안

9. 성장유망산업의 배치 및 입주업종의 첨단화·고부가가치화 방안

10. 기업·연구소·대학 등의 유치, 산학융합 활성화계획과의 연계 방안

11. 재원조달방안

12. 제45조의6에 따른 개발이익의 재투자 계획

13. 그 밖에 대통령령으로 정하는 사항

④ 제3항제4호에 따른 산업단지구조고도화사업 예정지구의 위치 및 면적은 다음 각 호의 기준을 모두 충족하여야 한다. <개정 2014. 1. 21., 2015. 5. 18., 2017. 10. 31.>

1. 「산업입지 및 개발에 관한 법률」 제39조의2제5항에 따라 수립·고시된 산업단지 재생계획상의 지역(대통령령으로 정하는 산업단지 재생계획의 수립절차가 진행 중인 지역을 포함한다)과 중복되는 경우에는 사업시행자가 「산업입지 및 개발에 관한 법률」 제39조의2제1항에 따른 재생사업지구지정권자와 협의를 거쳐 정한 위치와 면적일 것

2. 이미 추진되었거나 추진 중인 산업단지구조고도화사업지구를 포함하여 전체 산업단지 면적의 100분의 10을 초과하지 아니할 것

⑤ 사업시행자는 구조고도화계획을 수립하기 전에 산업단지구조고도화사업 대상 산업단지의 관리권자와 협의하여야 하며, 해당 관리권자는 해당 산업단지지정권자와 협의하여야 한다. 이 경우 사업시행자는 그 협의 결과를 구조고도화계획에 반영

하여야 한다. <개정 2014. 1. 21., 2015. 5. 18.>

⑥ 관리권자가 제3항에 따라 구조고도화계획을 승인하려는 때에는 입주기업체 및 관련 지방자치단체의 장의 의견을 듣고 해당 산업단지지정권자 및 관계 행정기관의 장과 협의하여야 한다. 대통령령으로 정하는 중요한 사항을 변경하려는 때에도 또한 같다. <개정 2014. 1. 21.>

⑦ 관리권자는 구조고도화계획을 승인(변경승인을 포함한다. 이하 같다)하려는 때에는 산업집적활성화 기본계획 및 관리기본계획과 조화를 이루도록 하여야 한다. <개정 2014. 1. 21.>

⑧ 관리권자가 구조고도화계획을 승인한 때에는 대통령령으로 정하는 바에 따라 이를 고시하여야 한다. <개정 2014. 1. 21.>

⑨ 제8항에 따라 구조고도화계획이 승인·고시된 때에는 그 범위에서 제33조에 따른 관리기본계획이 변경된 것으로 본다. 이 경우 제33조제6항에 따른 고시는 생략하지 아니한다. <신설 2011. 7. 25., 2014. 1. 21., 2019. 12. 10.>

[전문개정 2010. 4. 12.]

제45조의3(산업단지구조고도화사업의 시행자) ① 산업단지구조고도화사업을 시행할 수 있는 사업시행자는 다음 각 호의 자로 한다. <개정 2011. 7. 25., 2015. 5. 18.>

1. 국가·지방자치단체

2. 관리기관

3. 제1호 또는 제2호에 해당하는 자와 대통령령으로 정하는 요건을 갖춘 민간기업이 산업단지구조고도화사업을 목적으로 출자에 참여하여 설립한 법인. 다만, 대통령령으로 정하는 출자비율을 준수하는 법인에 한정한다.

4. 「사회기반시설에 대한 민간투자법」 제2조제7호에 따른 사업시행자

5. 그 밖에 지방공기업 등 대통령령으로 정하는 자

② 제1항에 따른 사업시행자는 산업단지구조고도화사업을 효율적으로 시행하기 위하여 필요하다고 인정하는 경우에는 산업단지구조고도화사업의 일부를 다음 각 호의 어느 하나에 해당하는 자(이하 "대행사업자"라 한다)에게 대통령령으로 정하는 바에 따라 대행하게 할 수 있다. <개정 2011. 7. 25., 2015. 5. 18.>

1. 해당 산업단지의 토지소유자

2. 대통령령으로 정하는 요건을 갖춘 민간기업이 산업단지구조고도화사업을 목적으로 출자에 참여하여 설립한 법인

[본조신설 2010. 4. 12.][제목개정 2015. 5. 18.][종전 제45조의3은 제45조의9로 이동 <2010. 4. 12.>]

제45조의4(다른 법률에 따른 인가·허가 등의 의제) ① 관리권자는 구조고도화계획의 승인을 할 때 그 구조고도화계획에 대한 다음 각 호의 허가·결정·인가·협의 또는 승인 등(이하 이 조에서 "인가등"이라 한다)에 관하여 제45조의2제6항에 따라 해당 산업단지 지정권자 및 관계 행정기관의 장과 협의한 사항에 대하여는 해

당 인가등을 받은 것으로 보며, 제45조의2제8항에 따라 구조고 도화계획의 승인이 고시된 때에는 다음 각 호의 법률에 따른 인가등이 고시 또는 공고된 것으로 본다. <개정 2010. 5. 31., 2011. 4. 14., 2014. 1. 14., 2014. 1. 21., 2014. 6. 3.>

1. 「건축법」 제11조에 따른 건축허가, 같은 법 제16조에 따른 허가 · 신고사항의 변경허가 · 신고, 같은 법 제20조에 따른 가설건축물의 건축허가 · 축조신고 및 같은 법 제29조에 따른 건축협의

2. 「국토의 계획 및 이용에 관한 법률」 제30조에 따른 도시 · 군관리계획의 결정(용도지역, 용도지구 및 용도구역의 지정 및 변경 결정은 제외한다), 같은 법 제56조에 따른 개발행위허가, 같은 법 제86조에 따른 도시 · 군계획시설사업 시행자의 지정 및 같은 법 제88조에 따른 실시계획의 인가

3. 「도로법」 제36조에 따른 도로관리청이 아닌 자에 대한 도로공사 시행의 허가, 같은 법 제61조에 따른 도로의 점용 허가 및 같은 법 제107조에 따른 도로관리청과의 협의 또는 승인

4. 「사도법」 제4조에 따른 사도의 개설허가

5. 「산림보호법」 제9조제1항 및 제2항제1호 · 제2호에 따른 산림보호구역(산림유전자원보호구역은 제외한다)에서의 행위의 허가 · 신고와 같은 법 제11조제1항제1호에 따른 산림보호구역의 지정해제, 「산림자원의 조성 및 관리에 관한 법률」 제36조제1항 · 제4항에 따른 입목벌채등의 허가 · 신고 및 「산지관리법」 제14조에 따른 산지전용허가 및 같은 법 제15조에 따른 산지전용신고, 같은 법 제15조의2에 따른 산지일시사용허가 · 신고

6. 「산업입지 및 개발에 관한 법률」제6조·제7조·제7조의2 및 제8조에 따른 산업단지개발계획의 변경과 같은 법 제17조·제17조의2·제18조·제18조의2 및 제19조에 따른 산업단지개발실시계획의 승인·변경승인

7. 「소하천정비법」제6조에 따른 소하천정비종합계획의 변경승인, 같은 법 제8조에 따른 소하천정비시행계획의 협의, 같은 법 제10조에 따른 소하천공사의 시행허가 및 같은 법 제14조에 따른 소하천 점용허가

8. 「수도법」제17조·제49조에 따른 일반수도사업·공업용수도사업의 인가 및 같은 법 제52조·제54조에 따른 전용상수도·전용공업용수도의 설치인가

9. 「공간정보의 구축 및 관리 등에 관한 법률」제86조제1항에 따른 사업의 착수·변경 또는 완료의 신고

10. 「하수도법」제16조에 따른 공공하수도공사의 시행허가 및 같은 법 제24조에 따른 공공하수도의 점용허가

② 제1항에 따른 인가등의 의제를 받으려는 사업시행자가 구조고도화계획의 승인 신청을 하는 때에는 해당 법률에서 정하는 관련 서류를 함께 관리권자에게 제출하여야 한다.

③ 관리권자는 구조고도화계획의 승인을 할 때 그 내용에 제1항 각 호의 어느 하나에 해당되는 사항이 포함되어 있는 경우에는 관계 행정기관의 장과 미리 협의하여야 한다.

④ 관계 행정기관의 장은 제3항에 따른 협의를 요청받은 날부터 15일(관계 행정기관의 장의 권한에 속하는 사항을 규정한 법령에서 정한

회신기간이 15일을 초과하는 경우에는 그 기간을 말한다) 이내에 의견을 제출하여야 한다. <개정 2019. 12. 10.>

⑤ 관계 행정기관의 장이 제4항에서 정한 기간(「민원 처리에 관한 법률」 제20조제2항에 따라 회신기간을 연장한 경우에는 그 연장된 기간을 말한다) 내에 의견을 제출하지 아니하면 협의가 이루어진 것으로 본다. <신설 2019. 12. 10.>

⑥ 제1항에 따라 관계 법률에 따른 인가등을 받은 것으로 보는 경우에는 해당 관계 법률에 따라 부과되는 수수료 또는 사용료를 면제한다. <개정 2019. 12. 10.>

[본조신설 2010. 4. 12.][종전 제45조의4는 제45조의10으로 이동 <2010. 4. 12.>]

제45조의5(비용부담 등) ① 산업단지구조고도화사업에 필요한 비용은 사업시행자가 부담한다. <개정 2015. 5. 18.>

② 국가 또는 지방자치단체는 제45조의3제1항제2호부터 제5호까지에 해당하는 사업시행자가 시행하는 산업단지구조고도화사업 중 공공시설에 한하여 필요한 비용의 일부를 보조할 수 있다. 다만, 산업단지 중 착공 후 30년 이상된 국가산업단지에서 시행되는 산업단지구조고도화사업의 경우에는 산업기반시설에 대하여도 필요한 비용의 일부를 보조할 수 있다. <개정 2011. 7. 25., 2013. 5. 28., 2015. 5. 18.>

제45조의6(개발이익의 재투자) ① 사업시행자와 대행사업자는 산업단지구조고도화사업으로 인하여 발생하는 개발이익의 일부를 대통령령으로 정하는 바에 따라 산업기반시설과 공공시설의 설치 등 대통령령으로 정하는 산업단지구조고도화사업에 재투자하여야 한다. <개정 2011. 7. 25., 2015. 5. 18.>

② 사업시행자 중 제30조제2항제3호부터 제5호까지에 해당하는 관리기관은 제1항에 따른 재투자 및 사업비 조달이 차질 없이 이루어질 수 있도록 대통령령으로 정하는 바에 따라 별도의 회계를 설치 · 운영하여야 한다.

제45조의7(준공인가) ① 사업시행자는 산업단지구조고도화사업의 전부 또는 일부를 완료한 경우에는 대통령령으로 정하는 바에 따라 관리권자의 준공인가를 받아야 한다. <개정 2015. 5. 18.>

② 제1항에 따른 준공인가 신청을 받은 관리권자는 지체 없이 준공검사를 실시하여야 한다.

③ 관리권자는 효율적인 준공검사를 위하여 필요한 때에는 관계 행정기관·공공기관·연구기관, 그 밖의 전문 기관 또는 단체에 준공검사를 의뢰할 수 있다. 이 경우 필요한 비용은 사업시행자가 부담한다. <신설 2011. 7. 25.>

④ 관리권자는 제1항에 따른 준공인가의 신청을 받은 날부터 30일 이내에 인가 여부 또는 민원 처리 관련 법령에 따른 처리기간의 연장을 신청인에게 통지하여야 한다. <신설 2019. 12. 10.>

⑤ 관리권자가 제4항에서 정한 기간 내에 인가 여부 또는 민원 처리 관련 법령에 따른 처리기간의 연장을 신청인에게 통지하지 아니하면 그 기간(민원 처리 관련 법령에 따라 처리기간이 연장 또는 재연장된 경우에는 해당 처리기간을 말한다)이 끝난 날의 다음 날에 인가를 한 것으로 본다. <신설 2019. 12. 10.>

⑥ 관리권자가 제1항에 따라 준공을 인가한 때(제5항에 따라 인가한 것으로 보는 경우를 포함한다)에는 대통령령으로 정하는 바에 따라 공고하고 이를 사업시행자에게 통지하여야 한다. <개정 2011. 7. 25., 2019. 12. 10.>

⑦ 관리권자가 제1항에 따라 준공인가를 할 때 다음 각 호의 사용승인·검사·확인·인가 등에 관하여 제9항에 따라 관계 행정기관의 장과 협의한 경우에는 해당 사용승인 등을 받은 것으로 본다. <신설 2011. 7. 25., 2014. 1. 14., 2019. 12. 10.>

　1. 「건축법」 제22조에 따른 건축물의 사용승인

2. 「국토의 계획 및 이용에 관한 법률」 제62조에 따른 개발행위의 준공검사, 같은 법 제98조에 따른 도시계획시설사업의 준공검사

3. 「도로법」 제62조제2항에 따른 도로점용공사 완료확인

4. 「산업입지 및 개발에 관한 법률」 제37조에 따른 산업단지개발사업의 준공인가

5. 「소하천정비법」 제10조제3항에 따른 소하천공사의 준공검사

6. 「수도법」 제19조에 따른 수도공사 완공 시의 수질검사

⑧ 사업시행자는 제7항에 따른 사용승인 등의 의제를 받으려면 준공인가를 신청할 때에 해당 법률에서 정하는 관련 서류를 관리권자에게 함께 제출하여야 한다. <신설 2011. 7. 25., 2019. 12. 10.>

⑨ 관리권자는 준공검사를 할 때 제7항 각 호의 사항이 포함되어 있으면 관계 행정기관의 장과 미리 협의하여야 한다. <신설 2011. 7. 25., 2019. 12. 10.>

[본조신설 2010. 4. 12.][종전 제45조의7은 제45조의13으로 이동 <2010. 4. 12.>]

제45조의8(공공시설의 귀속) 사업시행자가 산업단지구조고도화사업으로 새로 공공시설을 설치하거나 기존의 공공시설에 대체되는 공공시설을 설치하는 경우 그 공공시설의 귀속에 관하여는 「산업입지 및 개발에 관한 법률」 제26조를 준용한다. 이 경우 「산업입지 및 개발에 관한 법률」 제26조에 따른 공공시설에

한정한다. <개정 2015. 5. 18.>

[본조신설 2010. 4. 12.][종전 제45조의8은 제45조의14로 이동 <2010. 4. 12.>]

10-1. 구조고도화 관련
(인천광역시 / 경기도 성남시 / 전라북도)

1) 인천광역시 노후산업단지 구조고도화 지원 조례

[시행 2018. 10. 8.] [인천광역시조례 제5984호, 2018. 10. 8., 일부개정]

인천광역시

제1조(목적) 이 조례는 인천광역시 노후산업단지의 첨단화 및 고부가가치화를 위한 환경개선과 입주기업의 경쟁력을 강화하기 위하여 필요한 사항을 규정하여 인천지역 경제 활성화와 고용창출에 이바지함을 목적으로 한다.

제2조(정의) 이 조례에서 사용하는 용어의 뜻은 다음과 같다.

1. "산업단지"란 "산업입지 및 개발에 관한 법률" 제6조·제7조·제7조의2 및 제8조에 따라 지정·개발된 국가산업단지, 일반산업단지, 도시첨단 산업단지 및 농공단지를 말한다.
2. "산업단지 구조고도화사업"이란 "산업집적활성화 및 공장설립에 관한 법률"(이하 "법"이라 한다.) 제2조 제11호의 사업을 말한다.

3. "산업집적기반시설"이란 법 제2조 제9호에 따른 연구개발시설, 기업 지원시설, 기술 인력의 교육·훈련시설 및 물류시설 등 산업의 집적을 활성화하기 위한 시설을 말한다.

4. "산업기반시설"이란 법 제2조 제10호에 따른 용수공급시설, 교통·통신 시설, 에너지시설, 유통시설 등 기업의 생산 활동에 필요한 기초적인 시설을 말한다.

5. "지식산업센터"란 동일 건축물에 제조업, 지식산업 및 정보통신산업을 영위하는 자와 지원시설이 복합적으로 입주할 수 있는 법 제2조제13호의 다층형 복합건축물을 말한다.

6. "사업시행자"란 법 제45조의3제1항에 따른 구조고도화사업의 시행자를 말한다.

제3조(적용범위) 노후 산업단지의 구조고도화에 관하여 법령 또는 다른 조례에 특별한 규정이 있는 경우를 제외하고는 이 조례에서 정하는 바에 따른다.

제4조(시장의 책무) 인천광역시장(이하 "시장"이라 한다)은 노후산업단지의 구조고도화를 위하여 입주업종의 고부가가치화, 산업집적기반시설, 산업기반시설의 확충 등 기업체 등의 유치를 촉진하고, 입주기업체의 경쟁력을 높이기 위하여 필요한 시책을 추진하여야 한다.

제5조(구조고도화사업) 노후산업단지의 구조고도화를 촉진하기

위한 사업은 다음 각 호와 같다.

1. 산업집적기반시설 확충사업
2. 산업기반시설의 정비 및 확충사업
3. 입주업종의 첨단화 및 고부가가치 사업
4. 산업단지와 군집화된 개별입지의 산업집적활성화 사업
5. 기업·연구소·대학 등 산학융합 활성화 사업
6. 기업 경영활동 지원 및 근로자 복지 지원 사업
7. 산업집적지 경쟁력 강화를 위한 교류·협력 네트워크 활성화사업
8. 그 밖에 시장이 필요하다고 인정하는 사업

제6조(위원회 설치) 시장은 노후 산업단지의 구조고도화를 촉진하기 위한 정책과 사업에 관하여 다음 각 호의 사항을 심의·자문하기 위한 인천광역시 노후산업단지 구조고도화 촉진위원회(이하 "위원회"라 한다)를 둔다.

제7조(위원회 기능) 위원회는 다음 각 호의 사항을 심의·자문한다.
1. 구조고도화사업 관련 정책 및 사업계획 수립에 관한 사항
2. 구조고도화사업에 대한 사업시행자 및 입주기업체 지원에 관한 사항
3. 그 밖에 시장이 구조고도화사업을 위해 필요하다고 인정하는 사항

제8조(위원회 구성) ① 위원회는 위원장과 부위원장 각 1명을 포함하여 20명 이하의 위원으로 구성한다.

② 위원장은 행정부시장이 되며, 부위원장은 위원 중에서 호선한다. <개정 2014-12-15>[조례 제5670호 부칙 제2조에 의한 개정, 2016-07-13] [조례 제5984호 부칙 제2조에 의한 개정, 2018-10-08]

③ 위원은 다음 각 호의 사람 중에서 시장이 임명 또는 위촉한다.
  1. 산업단지 구조고도화와 관련 있는 공무원
  2. 인천광역시의회 의원
  3. 구조고도화 관련 교수 및 전문가
  4. 구조고도화와 관련된 분야에 식견과 경험이 풍부한 자

④ 위원의 임기는 2년으로 하며, 연임할 수 있다. 다만, 보궐위원의 임기는 전임위원의 남은 기간으로 한다.

⑤ 위원장은 위원회의 업무를 총괄하며, 회의를 소집하고 그 의장이 된다.

⑥ 부위원장은 위원장을 보좌하며, 위원장이 부득이한 사유로 그 직무를 수행하지 못하는 경우 그 직무를 대행한다.

⑦ 간사와 서기를 두되, 간사는 구조고도화 업무를 주관하는 과의 과장이 되고, 서기는 업무를 담당하는 사무관이 된다.

⑧ 간사는 위원회의 사무를 처리하며, 서기는 간사를 보좌하고 위원회의 회의록을 작성·보관하여야 한다.

제9조(회의) ① 위원회의 회의는 다음 각 호에 해당하는 경우에 소집한다.

1. 재적위원 3분의 1 이상의 소집요구가 있을 경우
2. 위원장이 필요하다고 인정하는 경우

② 위원회의 회의는 재적위원 과반수의 출석으로 개의하고, 출석위원 과반수의 찬성으로 의결한다.

제10조(의견청취 등) 위원장은 심의를 위하여 필요하다고 인정하면 관계 공무원 또는 관계 전문가를 회의에 참석하게 하여 그 의견을 듣거나 관계 기관·단체 등에 자료 또는 의견의 제출을 요청할 수 있다.

제11조(회의의 비공개 등) 위원회의 회의는 비공개를 원칙으로 한다. 다만 위원장이 필요하다고 인정하는 경우에는 공개할 수 있다.

제12조(분과위원회) 위원회의 업무를 효율적으로 추진하기 위하여 필요한 경우에는 분과위원회를 둘 수 있다.

제13조(위원의 해촉) 시장은 위원이 다음 각 호의 어느 하나에 해당하는 경우에는 위원을 해촉할 수 있다.
1. 위원회의 품위를 손상시킨 때
2. 질병이나 그 밖의 사유로 직무를 수행하기가 어려운 경우

3. 위원 스스로 사퇴를 원하는 경우

4. 기타 해촉할 만한 특별한 사유가 발생한 경우

제14조(수당) 위원회의 위원이 회의에 참석하는 경우에는 「인천광역시 위원회 수당 및 여비 지급 조례」에 따라 예산의 범위에서 수당과 여비를 지급할 수 있다.[조례 제5598호 부칙 제2조에 의한 개정, 2015-12-28]

제15조(사업의 지원) 시장은 노후산업단지의 구조고도화 촉진을 위하여 제5조의 구조고도화사업에 필요한 행정·재정적인 지원을 할 수 있다.

제16조(지식산업센터의 확산) 시장은 첨단산업 및 지식산업 육성을 통한 도심형 첨단산업단지의 발전을 꾀하기 위하여 지식산업센터 건설사업자 및 지식산업센터에 입주하는 기업에 대하여 지원할 수 있다.

제17조(입지지원) 시장은 제5조의 구조고도화사업과 관련하여 산업용지의 취득과 관리를 위하여 필요하다고 인정하는 경우에는 지원할 수 있다.

제18조(사업시행자에 대한 지원) 시장은 노후 산업단지의 구조고도화 촉진을 위하여 법 제45조의5제2항 규정에 따라 사업시행자가 시행하는 구조고도화사업 중 공공시설에 한하여 비용의 일부를 보조할 수 있으며, 원활한 사업추진을 위한 행정지원을 할 수 있다.

제19조(시행규칙) 이 조례의 시행에 관하여 필요한 사항은 규칙으로 정한다.

2) 성남시 산업단지구조고도화사업 시행 및 지식산업센터 활성화에 관한 조례

[시행 2021. 9. 13.] [경기도성남시조례 제3678호, 2021. 9. 13., 제정]

경기도 성남시(산업지원과), 031-729-2583

제1조(목적) 이 조례는 성남시가 「산업집적활성화 및 공장설립에 관한 법률」 제45조의2 및 제45조의3에 따른 사업시행자로서 산업단지구조고도화사업을 수행하고, 같은 법에 따른 지식산업센터를 활성화하는 데 필요한 사항을 규정함으로써, 입주기업의 경쟁력을 강화하고, 지역경제의 활성화와 일자리 창출 및 근로자의 편익 증진에 이바지함을 목적으로 한다.

제2조(정의) 이 조례에서 사용하는 용어의 뜻은 「산업집적활성화 및 공장설립에 관한 법률」(이하 "법"이라 한다) 제2조에 따른다.

제3조(시장의 책무) 성남시장(이하 "시장"이라 한다)은 산업단지구조고도화사업의 산업단지 및 지식산업센터에 입주한 업종의 고부가가치화, 산업집적기반시설 및 산업기반시설의 인프라 확충 등을 통해 구조를 고도화하고, 입주기업의 경쟁력을 높이고, 기업 유치를 촉진하는데 필요한 시책을 추진할 수 있다.

제4조(다른 조례와의 관계) 산업단지구조고도화사업의 시행과 지

식산업센터의 활성화에 관하여 다른 조례에 특별한 규정이 있는 경우를 제외하고는 이 조례에서 정하는 바에 따른다.

제5조(실태조사) 시장은 산업단지구조고도화사업의 시행 및 지식산업센터의 활성화를 위해 입주하고 있는 기업체의 현황 등에 관한 실태조사를 할 수 있다.

제6조(산업단지구조고도화사업) 시장은 산업단지의 구조고도화를 위하여 다음 각 호의 사업을 시행할 수 있다.

1. 산업단지 재생 활성화 및 인프라 구축
2. 산업단지의 업종 고부가가치화 및 산업 재배치
3. 산업기반시설·산업집적기반시설·공공시설 등의 유지·보수·개량 및 확충
4. 기업·연구소·대학 등의 유치 및 산학 융합의 활성화
5. 산업단지구조고도화계획 수립
6. 그 밖에 시장이 입주기업의 지원 및 산업단지의 경쟁력을 강화하기 위하여 필요하다고 인정하는 사업

제7조(지식산업센터 활성화 사업) 지식산업센터 활성화를 촉진하기 위한 사업은 다음 각 호와 같다.

1. 지식산업센터와 지역주민 간의 상생발전을 위한 사업
2. 지식산업센터 기반시설 개선 및 지원 등에 관한 사업

3. 그 밖에 입주기업의 지원 및 경쟁력을 강화하기 위하여 시장이 필요하다고 인정한 사업

제8조(사업의 지원 등) 시장은 제7조에 따른 지식산업센터 활성화 사업을 추진하기 위하여 필요한 경우 행정·재정적인 지원을 할 수 있다.

제9조(성남시 산업단지고도화 및 지식산업센터 활성화 위원회의 설치 등) 시장은 다음 각 호를 심의하기 위한 성남시 산업단지고도화 및 지식산업센터 활성화 위원회(이하 "위원회"라 한다)를 설치할 수 있다.

1. 산업단지고도화사업계획 수립 및 시행에 관한 사항
2. 지식산업센터 지원계획 수립 및 시행에 관한 사항
3. 그 밖에 시장이 산업단지고도화 및 지식산업센터 활성화를 위해 필요하다고 인정하는 사항

제10조(위원회의 구성) ① 위원회는 위원장 1명을 포함한 11명 이내의 위원으로 구성한다.
② 위원장은 위원 중에서 호선한다.
③ 위원회의 위원은 다음 각 호에 해당하는 사람 중에서 시장이 임명 및 위촉한다.

1. 당연직 위원 : 재정경제국장

2. 위촉직 위원

가. 성남시의회에서 추천하는 의원 2명

나. 산업단지 관리기관 임직원

다. 산업단지 및 지식산업센터 입주기업 임직원

라. 산업단지고도화 및 산업 활성화 분야에서 학식과 경험이 풍부한 사람

마. 그 밖에 시장이 산업단지고도화 및 산업 활성화와 관련하여 필요하다고 인정하는 사람

제11조(위원의 임기) 위촉직 위원의 임기는 2년으로 하고, 한 차례만 연임할 수 있다.

제12조(위원장의 직무) ① 위원장은 위원회를 대표하며 위원회의 업무를 총괄한다.

② 위원장이 부득이한 사유로 직무를 수행할 수 없을 때는 위원장이 미리 지명한 위원이 그 직무를 대행한다.

제13조(위원회의 운영) ① 위원장은 위원회의 회의를 소집하고, 그 의장이 된다.

② 위원회의 회의는 재적위원 과반수의 출석으로 개의(開議)하고 출석위원 과반수의 찬성으로 의결한다.

③ 위원회의 사무를 처리할 간사 1명을 두되 간사는 소관 업무를 담당하는 팀장으로 한다.

④ 기타 수당 등 위원회 운영에 필요한 사항은 「성남시 각종 위원회 설치 및 운영에 관한 조례」를 준용한다.

 제14조(비밀 유지) 회의에 참석한 위원 및 관계 공무원 등은 직무상 알게 된 비밀을 누설하여서는 아니 된다.

부   칙 <제정 2021.9.13. 조례 제3678호>

제1조(시행일) 이 조례는 공포한 날부터 시행한다.

제2조(다른 조례의 폐지) 「성남시 지식산업센터 육성 및 지원에 관한 조례」는 폐지한다.

3) 전라북도 산업단지 진흥 및 구조고도화 촉진 조례

[시행 2020. 4. 1.] [전라북도조례 제4763호, 2020. 4. 1., 제정]

전라북도

제1조(목적) 이 조례는 전라북도내 산업단지 진흥 및 구조고도화를 통해 산업단지 경쟁력 강화 및 혁신거점 육성 지원에 필요한 사항을 규정함으로써 산업단지 활성화를 도모하고 나아가 지역경제 활성화에 이바지함을 목적으로 한다.

제2조(정의) 이 조례에서 사용하는 용어의 뜻은 다음과 같다.

1. "산업단지"란 「산업입지 및 개발에 관한 법률」 제6조·제7조·제7조의2 및 제8조에 따라 지정·개발된 국가산업단지, 일반산업단지, 도시첨단산업단지 및 농공단지를 말한다.

2. "산업단지 진흥"이란 산업단지 지원정책의 효율성을 더욱 높여 국가와 지역경제의 핵심인 산업단지를 지역주도의 혁신 선도거점으로 육성하는 것을 말한다.

3. "산업단지구조고도화사업"이란 「산업집적활성화 및 공장설립에 관한 법률」(이하 "법"이라 한다) 제2조제11호의 사업을 말한다.

4. "공공시설"이란 「산업입지 및 개발에 관한 법률 시행령」 제31조제1항 각 호에 따른 공공시설, 공동방지시설(「대기환경보전법」 제29조에 따른 공동방지시설과 「물환경보전법」 제35조에 따른 공동방지시설을 말한다), 주차장, 운동장 및 「영유아보육법」 제2조제3호에 따른 어린이집을 말한다.

5. "산업집적기반시설"이란 법 제2조제9호에 따른 연구개발시설,

기업 지원시설, 기술·인력의 교육·훈련시설 및 물류시설 등 산업의 집적을 활성화하기 위한 시설을 말한다.

6. "산업기반시설"이란 법 제2조제10호에 따른 용수공급시설, 교통·통신시설, 에너지시설, 유통시설 등 기업의 생산 활동에 필요한 기초적인 시설을 말한다.

7. "사업시행자"란 법 제45조의3제1항에 따른 구조고도화사업의 시행자를 말한다.

8. "노후거점산업단지"란 「노후거점산업단지의 활력증진 및 경쟁력 강화를 위한 특별법」 제2조제1호에 따른 산업단지를 말한다.

제3조(적용범위) 산업단지 진흥 및 구조고도화에 관하여 법령 또는 다른 조례에 특별한 규정이 있는 경우는 제외하고 이 조례에서 정하는 바에 따른다.

제4조(도지사의 책무) 전라북도지사(이하 "도지사"라 한다)는 산업단지 진흥 및 구조고도화를 위하여 입주업종의 고부가가치화, 기업지원서비스의 강화, 산업집적기반시설·산업기반시설 및 산업단지의 공공시설 등의 유지·보수·개량 및 확충 등을 통하여 기업체 등의 유치를 촉진하고, 입주기업체의 경쟁력을 높이기 위하여 필요한 시책을 추진하여야 한다.

제5조(산업단지 진흥 및 구조고도화 계획의 수립) 도지사는 산업단지

의 자원을 활용하여 제조혁신을 통한 일자리를 창출하기 위해 다음 각 호의 사항을 포함한 산업단지 진흥 및 구조고도화 계획을 5년마다 수립하여야 한다.

1. 지역의 혁신역량을 고려한 일자리 창출 및 성장 전략 수립
2. 거점 지역별 특성에 맞는 핵심기능 집적화
3. 연계 산업단지·대학·지역 등과 연계한 효율적 재원 배분
4. 산업지원, 주거, 문화, 복지, 교통물류 및 규제개혁
5. 그 밖에 지역혁신 거점산업단지의 활성화 등을 위하여 필요한 사항

제6조(산업단지 진흥 및 구조고도화 사업) 산업단지 활성화를 촉진하기 위한 산업단지 진흥 및 구조고도화 사업은 다음 각 호와 같다.

1. 지역 주도 산업단지 중심 혁신계획 수립
2. 기업 중심의 투자확대 유도
3. 산업기반시설 및 산업단지의 공공시설 등의 유지, 보수, 개량 및 확충 사업
4. 입주업종의 첨단화 및 고부가가치 사업
5. 산업단지와 군집화된 개별입지의 산업집적활성화 사업
6. 기업·연구소·대학 등 산학융합 활성화 사업
7. 기업 경영활동 지원 및 근로자 복지 지원 사업
8. 산업집적지 경쟁력 강화를 위한 교류·협력 네트워크 활성화 사업
9. 교통 및 거주환경, 편의시설 등의 개량·확충사업
10. 산업단지 관리·운영의 효율화를 위한 정보시스템 구축 사업
11. 문화콘텐츠 개발·확산·홍보행사 개최 지원사업
12. 교육, 자문, 공동판매 및 간담회 개최 등 입주기업체 및 그 관련

단체에 대한 지원사업

13. 그 밖에 도지사가 산업단지 진흥 및 구조고도화 촉진을 위하여 필요하다고 인정하는 사업

제7조(지역혁신 거점산업단지의 지정) 도지사는 「노후거점산업단지의 활력증진 및 경쟁력강화를 위한 특별법」 제5조제1항에 의해 구성된 경쟁력강화추진위원회에서 심의·의결하는 지역혁신을 위한 거점산업단지로 지정될 수 있도록 노력하여야 한다.

제8조(지식기반산업집적지구의 지정) 도지사는 법 제22조제1항에 따라 지식기반산업의 집적활성화 또는 산업집적지경쟁력강화사업을 추진하기 위하여 필요한 경우에 다음 각 호의 사항을 포함한 지식기반산업집적지구 활성화계획을 수립하여 지식기반산업집적지구로 지정될 수 있도록 노력하여야 한다.

1. 지식기반산업집적지구로 지정받으려는 지역
2. 지식기반산업집적지구의 활성화를 위한 소요재원의 규모 및 조달방안
3. 그 밖에 지식기반산업의 집적활성화 등을 위하여 필요한 사항

제9조(노후산업단지 정비지역 지정) 도지사는 노후산업단지 민간투자 촉진 및 지식기반산업집적지구 활성화를 위하여 산업단지 관할 시장·군수에게 「건축법」 제43조제1항제4호에 따른 노후산업단지 정비지역 지정 및 공고를 권장할 수 있다.

제10조(지방경쟁력강화추진협의회) ① 도지사는 「노후거점산업단지의 활력증진 및 경쟁력강화를 위한 특별법」 제6조제1항에 따라 다음 각 호의 사항을 심의하거나 자문하기 위하여 노후거점산업단지 경쟁력강화추진협의회(이하 "협의회"라 한다)를 둘 수 있다.

　1. 노후거점산업단지 경쟁력강화 관련 주요 시책
　2. 노후거점산업단지 경쟁력강화 사업계획의 수립
　3. 경쟁력강화사업에 대한 지원에 관한 사항
　4. 그 밖에 경쟁력강화사업과 관련하여 필요한 사항

② 협의회의 구성 및 운영에 필요한 사항은 「노후거점산업단지의 활력증진 및 경쟁력강화를 위한 특별법 시행령」 제7조의 규정을 따른다.

제11조(위원회 설치 및 기능) ① 도지사는 산업단지 진흥 및 구조고도화를 촉진하기 위한 정책과 사업에 관하여 다음 각 호의 사항을 심의·자문하기 위해 전라북도 산업단지 진흥 및 구조고도화 촉진위원회(이하 "위원회"라 한다)를 둔다.

② 위원회는 다음 각 호의 사항을 심의·자문한다.

　1. 산업단지 진흥 및 구조고도화 사업 관련 정책 및 사업계획 수립에 관한 사항
　2. 산업단지 진흥 및 구조고도화 사업에 대한 사업시행자 및 입주기

업체 지원에 관한 사항

3. 그 밖에 도지사가 산업단지 진흥 및 구조고도화 사업을 위해 필요하다고 인정하는 사항

제12조(위원회 구성) ① 위원회는 위원장과 부위원장 각 1명을 포함하여 20명 이하의 위원으로 구성한다. 다만, 특정 성이 위촉직 위원 수의 10분의 6을 초과하지 않도록 노력하여야 한다.

② 위원장은 정무부지사가 되며, 부위원장은 위원 중에서 호선한다.

③ 위원은 다음 각 호의 사람 중에서 도지사가 임명 또는 위촉한다.

1. 지역경제, 산업단지 또는 지역고용 활성화 등과 관련된 업무를 담당하는 공무원

2. 법 제45조의9에 따라 설립된 한국산업단지공단, 「한국토지주택공사법」에 따른 한국토지주택공사, 「지방공기업법」에 따른 지방공기업 소속 임직원 중 산업단지와 관련된 업무를 담당하는 사람

3. 산업단지 진흥 및 구조고도화 관련 교수 및 전문가

4. 산업단지 진흥 및 구조고도화와 관련된 분야에 식견과 경험이 풍부한 자

5. 지역 주민의 삶의 질 향상에 필요한 일자리 및 교육·문화·복지·주거·안전·환경 등에 관한 학식과 경험이 풍부한 사람

④ 위원의 임기는 2년으로 하며, 한 차례만 연임할 수 있다. 다만, 보궐위원의 임기는 전임위원의 남은 기간으로 한다.

⑤ 위원장은 위원회의 업무를 총괄하며, 회의를 소집하고 그 의장이 된다.

⑥ 부위원장은 위원장을 보좌하며, 위원장이 부득이한 사유로 그 직무를 수행하지 못하는 경우 그 직무를 대행한다.

⑦ 간사와 서기를 두되, 간사는 구조고도화 업무를 주관하는 부서의 부서장이 되고, 서기는 해당 업무를 담당하는 사무관이 된다.

⑧ 간사는 위원회의 사무를 처리하며, 서기는 간사를 보좌하고 위원회의 회의록을 작성·보관하여야 한다.

제13조(회의) ① 위원회의 회의는 다음 각 호에 해당하는 경우에 소집한다.

 1. 재적위원 3분의 1 이상의 소집요구가 있을 경우
 2. 위원장이 필요하다고 인정하는 경우

② 위원회의 회의는 재적위원 과반수의 출석으로 개의하고, 출석위원 과반수의 찬성으로 의결한다.

제14조(제척·회피) ① 위원이 부의 안건과 관련하여 직접적으로 용역 또는 사업을 하거나, 이해관계인인 경우에는 해당 안건의 회의에서 제척된다.

② 위원이 제1항의 사유에 해당하는 때에는 스스로 그 안건의

회의에서 회피하여야 하며, 회의 개최일 3일 전까지 간사에게 통보하여야 한다.

제15조(위원의 해촉) 위원장은 다음 각 호에 해당하는 사유가 발생하였을 때에는 임기 전이라도 위원을 해촉할 수 있다.

　1. 제14조제2항에 해당함에도 회피하지 아니한 때
　2. 위원회 심의업무와 관련하여 알게 된 기밀사항 등을 누설한 때
　3. 위원 스스로가 위촉 해제를 원할 때

제16조(의견청취 등) 위원장은 심의를 위하여 필요하다고 인정하면 관계 공무원 또는 관계 전문가를 회의에 참석하게 하여 그 의견을 듣거나 관계 기관·단체 등에 자료 또는 의견의 제출을 요청할 수 있다.

제17조(수당) 위원회의 위원이 회의에 참석하는 경우에는 「전라북도 각종 위원회 구성 및 운영에 관한 조례」에 따라 예산의 범위에서 수당과 여비를 지급할 수 있다. 다만, 업무와 관련하여 참석하는 소속 공무원에는 그렇지 않다.

제18조(사업의 지원) 도지사는 산업단지 진흥 및 구조고도화 촉진을 위하여 제6조의 산업단지 진흥 및 구조고도화 사업에 필

요한 행정·재정적인 지원을 할 수 있다.

제19조(시행규칙) 이 조례의 시행에 필요한 사항은 규칙으로 정한다.

부   칙

이 조례는 공포한 날부터 시행한다.

10-2. 재생사업지구 관련

(전라남도 보성군 / 부산광역시)

1) 보성군 산업단지 재생사업지구 설치 운영에 관한 조례

[시행 2016. 12. 27.] [전라남도보성군조례 제2231호, 2016. 12. 27., 제정]

전라남도 보성군(경제산업과)

제1조(목적) 이 조례는「산업입지 및 개발에 관한 법률」에 따라 재생사업의 활성화를 지원하기 위하여 보성군 산업단지재생사업지구 설치·운영에 관한 사항을 규정함을 목적으로 한다.

제2조(정의) 이 조례에서 사용하는 용어의 정의는 다음과 같다.

1. "산업단지"란 산업입지 및 개발에 관한 법률(이하 "법"이라 한다) 제2조제8호에서 정의한 농공단지를 말한다.

2. "산업단지 재생사업지구"(이하 "재생사업지구"라 한다)란 법 제2조제10호에서 정의한 산업기능의 활성화를 위하여 산업단지 및 산업단지 주변지역에 지정·고시되는 지구를 말한다.

3. "산업단지 재생사업"(이하 "재생사업"이라 한다)이란 재생사업지구에서 산업입지기능을 발전시키고 기반시설과 지원시설 및 편익시설을 확충·개량하기 위한 사업을 말한다.

제3조(산업단지재생특별회계의 설치 및 운영) ① 보성군수(이하 "군수"라 한다)는 법 제39조의19제1항 및 같은 법 시행령(이하 "시행령"이라 한다) 제44조의17에 따라 재생사업의 활성화를 지원하기 위하여 산업단지재생특별회계를 설치·운용할 수 있다.

② 시행령 제44조의17제2항에 따라 재산세의 100분의 10 범위에서 산업단지재생특별회계 세입으로 할 수 있다.

제4조(산업단지재생추진협의회 구성 및 운영) ① 재생사업을 신속하게 추진하거나 창의적인 개발을 도모하기 위하여 입주기업으로부터 제안 또는 자문을 듣거나, 중요 사항에 해한 협의 또는 갈등을 조정하기 위하여 산업단지재생추진협의회(이하 "추진협의회"라 한다)를 둘 수 있다.

② 추진협의회는 위원장 1명, 부위원장 1명을 포함한 30명 이내의 위원으로 구성한다.

③ 추진협의회 위원은 다음 각 호의 사람 중에서 군수가 임명하거나 위 촉하며, 위원장은 군수가 되고, 부위원장은 위원 중에서 호선한다.

1. 재생사업지구의 사업시행자

2. 입주기업

3. 토지소유자 및 지역주민

4. 관계 공무원 및 전문가 등

제5조(위원의 임기) 위원의 임기는 3년으로 하며, 연임할 수 있다. 다만, 공무원인 위원의 임기는 그 직에 재직하는 기간으로 한다.

제6조(위원장의 직무) ① 위원장은 추진협의회를 대표하고, 추진협의회의 업무를 총괄한다.

② 부위원장은 위원장을 보좌하며, 위원장이 부득이한 사유로 직무를 수행할 수 없는 경우 그 직무를 대행한다.

제7조(추진협의회 기능) 추진협의회는 다음 각 호의 사항을 협의 또는 조정할 수 있다.

1. 재생시행계획 수립 시 주민의견 수렴에 관한 사항

2. 재생시행계획의 내용에 관한 사항

3. 재생사업과 관련하여 군수, 사업시행자, 토지소유자, 입주기업, 지역주민 등 이해관계자 사이의 의견 조정에 관한 사항

4. 그 밖에 재생사업과 관련하여 위원장이 회의에 부치는 사항

제8조(위원의 해촉) 위원장은 다음 각 호의 어느 하나에 해당하는 경우 위원을 해촉 할 수 있다.

1. 위원의 임무를 성실히 수행하지 아니한 경우
2. 품위를 손상시켜 위원으로서 적합하지 아니하다고 인정되는 경우
3. 그 밖의 사정으로 위원의 임무를 수행할 수 없다고 판단되는 경우

제9조(회의) ① 위원장은 추진협의회 회의를 소집하고 그 의장이 된다.

② 추진협의회 회의는 재적위원 과반수의 출석으로 개의하고, 출석위원 과반수의 찬성으로 의결한다.

③ 추진협의회 사무를 처리하기 위하여 간사 1명을 두되, 간사는 산업단지 재생사업 업무 담당이 된다.

제10조(수당 등) 추진협의회에 출석한 위원에 대하여 예산의 범위에서「보성군 각종위원회 실비변상조례」에서 정하는 바에 따라 수당과 여비를 지급할 수 있다.

부   칙 <제2231호 2016. 12. 27.>
이 조례는 공포한 날부터 시행한다.

2) 부산광역시 사상스마트시티 재생사업지구 활성화에 관한 조례

[시행 2017. 8. 13.] [부산광역시조례 제5597호, 2017. 7. 12., 제정]

부산광역시

제1장 총칙

제1조(목적) 이 조례는 「산업입지 및 개발에 관한 법률」 및 같은 법 시행령에서 위임된 사항과 그 시행에 필요한 사항을 규정함으로써 부산광역시 사상스마트시티 재생사업지구의 중장기적 개발을 촉진하는 것을 목적으로 한다.

제2조(정의) 이 조례에서 "사상스마트시티"란 「산업입지 및 개발에 관한 법률」(이하 "법"이라 한다) 제39조의2 및 제39조의3에 따라 지정·고시된 부산광역시(이하 "시"라 한다) 사상구 주례동, 학장동, 감전동 일원에 위치한 '사상스마트시티 재생사업지구'를 말한다.

제2장 사상스마트시티재생특별회계
[존속기한 : 2022년 6월 30일까지]

제3조(사상스마트시티재생특별회계 설치) 부산광역시장(이하 "시장"이라 한다)은 법 제39조의19에 따라 사상스마트시티 재생사업의 활성화를 지원하기 위하여 부산광역시 사상스마트시티재생특

별회계(이하 "특별회계"라 한다)를 설치·운용한다.

제4조(특별회계의 세입) 특별회계의 세입은 다음 각 호와 같다.

1. 「재건축초과이익 환수에 관한 법률」에 따른 재건축부담금 중 지방자치단체 귀속분
2. 일반회계로부터의 전입금
3. 차입금
4. 법 제39조의15에 따른 개발이익재투자를 위한 환수금
5. 특별회계 자금의 융자회수금, 이자수익금 및 그 밖의 수익금
6. 「산업집적활성화 및 공장설립에 관한 법률」 제33조제8항에 따른 지가상승분의 기부금

제5조(특별회계의 세출) 특별회계의 세출은 다음 각 호와 같다.

1. 사상스마트시티 재생사업을 위한 조사⊠연구비
2. 사상스마트시티 재생계획 및 재생시행계획의 수립 비용
3. 사상스마트시티 기반시설 정비 비용
4. 사상스마트시티 재생시행계획에 따른 재생사업을 위한 자금 지원
5. 특별회계의 조성·운용 및 관리를 위한 경비
6. 그 밖에 사상스마트시티 활성화를 위하여 필요한 경비

제6조(준용) 특별회계의 관리 및 운용에 대하여 이 조례에서 정한 사항을 제외하고는 일반회계의 예에 따른다.

제3장 사상스마트시티재생추진협의회

제7조(사상스마트시티재생추진협의회 설치) 시장은 법 제39조의20에 따라 다음 각 호의 사항을 협의 또는 조정하기 위하여 부산광역시사상스마트시티재생추진협의회(이하 "추진협의회"라 한다)를 둔다.

1. 사상스마트시티 재생시행계획 수립 시 주민의견 수렴에 관한 사항
2. 사상스마트시티 재생시행계획의 내용에 관한 사항
3. 사상스마트시티 재생사업과 관련하여 사업시행자, 토지소유자, 입주기업, 지역주민 등 이해관계자 사이의 의견 조정에 관한 사항
4. 그 밖에 사상스마트시티 재생사업과 관련하여 위원장이 회의에 부치는 사항

제8조(추진협의회 구성) ① 추진협의회는 위원장 1명을 포함하여 30명 이내의 위원으로 구성한다.

② 추진협의회의 위원장은 위원 중에서 호선하고, 위원은 다음 각 호의 어느 하나에 해당하는 자 중에서 시장이 임명하거나 위촉한다.

1. 사상스마트시티의 사업시행자, 입주기업, 토지소유자 및 지역주민
2. 시 소속 4급 이상 공무원
3. 사상스마트시티 소재 자치구 소속 5급 이상 공무원
4. 그 밖에 산업단지 재생사업에 관한 학식과 경험이 풍부한 사람

제9조(위원의 해촉) 시장은 위촉위원이 다음 각 호의 어느 하나에

해당하는 경우에는 해당 위원을 해촉할 수 있다.

1. 심신장애로 인하여 직무를 수행할 수 없게 된 경우
2. 직무와 관련된 비위사실이 있는 경우
3. 직무태만, 품위손상이나 그 밖의 사유로 인하여 위원으로 적합하지 아니하다고 인정되는 경우
4. 위원 스스로 직무를 수행하는 것이 곤란하다고 의사를 밝히는 경우

제10조(위원장의 직무) ① 위원장은 추진협의회를 대표하고, 추진협의회의 업무를 총괄한다.
② 위원장이 부득이한 사유로 직무를 수행할 수 없는 경우에는 위원장이 미리 지명한 위원이 그 직무를 대행한다.

제11조(추진협의회의 회의) ① 위원장은 추진협의회의 회의를 소집하고 그 의장이 된다.
② 추진협의회의 회의는 재적위원 과반수의 출석으로 개의하고, 출석위원 과반수의 찬성으로 의결한다.
③ 위원장이 회의를 소집하고자 할 때에는 회의일시, 장소 및 심의안건을 정하여 회의 개최일 7일 전까지 각 위원에게 통지하여야 한다.
④ 위원장은 안건의 사안이 긴급하여 회의를 소집할 시간적 여유가 없거나 부득이한 사유로 회의를 소집할 수 없을 경우에는

서면심의를 할 수 있다. 이 경우 위원에게 서면으로 그 사유를 구체적으로 밝혀야 한다.

제12조(의견청취 등) ① 위원장은 안건의 심의를 위하여 필요한 경우에는 관계 공무원, 전문가 또는 이해관계인 등에게 회의에 출석하여 발언하도록 요청하거나 관계 기관 또는 단체 등에 필요한 자료를 제출하도록 요청할 수 있다.
② 제1항에 따라 회의 출석이나 자료 제출을 요청 받은 자는 협의회의 원만한 진행을 위하여 성실히 협조하여야 한다.

제13조(간사) 추진협의회의 사무를 처리하기 위하여 간사 1명을 두며, 간사는 사상스마트시티업무담당사무관이 된다.

제14조(수당 등) 추진협의회의 회의에 출석한 위촉위원 및 전문가 또는 이해관계인 등에게는 예산의 범위에서 수당과 여비를 지급할 수 있다.

제15조(운영세칙) 이 조례에서 정한 것 외에 추진협의회의 운영에 필요한 사항은 추진협의회의 의결을 거쳐 위원장이 정한다.

제4장 사상스마트시티 재생사업에 대한 지원

제16조(「부산광역시 도시계획 조례」의 적용특례) ① 시장은 법 제39조의2에 따른 재생계획 수립 시 법 제2조제7호의3에 따른 복합용지 및 「산업집적활성화 및 공장설립에 관한 법률」 제2조제13호에 따른 지식산업센터 용지로서 필요한 경우에는 「부산광역시 도시계획 조례」로 정한 용적률 최대한도의 예외를 적용한다. 이 경우 「국토의 계획 및 이용에 관한 법률」 제78조에 따른 용적률의 최대한도를 초과할 수 없다.

② 시장은 법 제39조의12에 따른 활성화계획 수립 시 필요한 경우 「부산광역시 도시계획 조례」에도 불구하고 「국토의 계획 및 이용에 관한 법률」 제77조 및 제78조에 따른 용도지역별 최대한도 범위에서 건폐율 및 용적률을 완화하여 계획할 수 있다.

제17조(활성화구역에 대한 지원) 시장은 법 제39조의12에 따른 활성화구역의 개발을 위하여 공공시설을 설치하는 사업시행자에게 사업비의 전부 또는 일부를 지원할 수 있다.

제18조(입주기업에 대한 지원) ① 사상스마트시티 입주기업, 기관 및 단체에는 「부산광역시 기업 및 투자 유치 촉진 조례」에 따른 각종 행정적, 재정적 지원을 할 수 있다.

② 제4조제6호에 따른 기부금은 사상스마트시티 기반시설 확

충 등 입주기업체 지원용도로 사용하여야 한다.

제19조(기부자 예우) ① 시장은 사상스마트시티 산업용지의 용도별 구역 변경에 따른 지가상승분을 기부하는 등 사상스마트시티 활성화에 기여하는 각종 기부자에게 다음 각 호의 예우를 할 수 있다.

1. 시 주요 축제 및 행사 초청
2. 시 주관 문화행사 및 공연의 관람권 등 지급
3. 부산광역시보 등 시가 발행하는 각종 인쇄 매체, 시 인터넷 홈페이지 등에 기부자 명단 공지
4. 「부산광역시 포상 조례」에 따른 포상 및 감사장 등 수여
5. 기부된 부지 인근에 기부자 동판 등 설치

② 시장은 제1항 각 호의 예우를 함에 있어 사상스마트시티를 위한 기부자의 뜻을 우선 고려함과 함께 사상스마트시티 활성화를 위한 기부문화의 확산에 필요한 모든 사항도 함께 고려하여야 한다.

부 칙
제1조(시행일) 이 조례는 공포 후 1개월이 경과한 날부터 시행한다.
제2조(특별회계 존속기한) 제3조에 따른 사상스마트시티재생특별회계는 2022년 6월 30일까지 존속한다.

11. 클라우드컴퓨팅 발전 및 이용자 보호에 관한 법률

(약칭: 클라우드컴퓨팅법)

1) 클라우드컴퓨팅 발전 및 이용자 보호에 관한 법률
(약칭: 클라우드컴퓨팅법)

[시행 2020. 12. 10.] [법률 제17344호, 2020. 6. 9., 타법개정]

과학기술정보통신부(인터넷진흥과), 044-202-6361, 6362
과학기술정보통신부(사이버침해대응과-신뢰성확보 및 이용자보호 관련), 044-202-6468

제1장 총칙

제1조(목적) 이 법은 클라우드컴퓨팅의 발전 및 이용을 촉진하고 클라우드컴퓨팅서비스를 안전하게 이용할 수 있는 환경을 조성함으로써 국민생활의 향상과 국민경제의 발전에 이바지함을 목적으로 한다.

제2조(정의) 이 법에서 사용하는 용어의 뜻은 다음과 같다. <개정 2020. 6. 9.>

1. "클라우드컴퓨팅"(Cloud Computing)이란 집적·공유된 정보통신기기, 정보통신설비, 소프트웨어 등 정보통신자원(이하 "정보통신자원"이라 한다)을 이용자의 요구나 수요 변화에 따라 정보통신망을 통하여 신축적으로 이용할 수 있도록 하는 정보처리체계를 말한다.

2. "클라우드컴퓨팅기술"이란 클라우드컴퓨팅의 구축 및 이용에 관한 정보통신기술로서 가상화 기술, 분산처리 기술 등 대통령령으로 정하는 것을 말한다.

3. "클라우드컴퓨팅서비스"란 클라우드컴퓨팅을 활용하여 상용(商用)으로 타인에게 정보통신자원을 제공하는 서비스로서 대통령령으로 정하는 것을 말한다.

4. "이용자 정보"란 클라우드컴퓨팅서비스 이용자(이하 "이용자"라 한다)가 클라우드컴퓨팅서비스를 이용하여 클라우드컴퓨팅서비스를 제공하는 자(이하 "클라우드컴퓨팅서비스 제공자"라 한다)의 정보통신자원에 저장하는 정보(「지능정보화 기본법」 제2조제1호에 따른 정보를 말한다)로서 이용자가 소유 또는 관리하는 정보를 말한다.

제3조(국가 등의 책무) ① 국가와 지방자치단체는 클라우드컴퓨팅의 발전 및 이용 촉진, 클라우드컴퓨팅서비스 이용 활성화, 클라우드컴퓨팅서비스의 안전한 이용 환경 조성 등에 필요한 시책을 마련하여야 한다. <개정 2022. 1. 11.>

② 클라우드컴퓨팅서비스 제공자는 이용자 정보를 보호하고 신뢰할 수 있는 클라우드컴퓨팅서비스를 제공하도록 노력하여

야 한다.

③ 이용자는 클라우드컴퓨팅서비스의 안전성을 해치지 아니하도록 하여야 한다.

제4조(다른 법률과의 관계) 이 법은 클라우드컴퓨팅의 발전과 이용 촉진 및 이용자 보호에 관하여 다른 법률에 우선하여 적용하여야 한다. 다만, 개인정보 보호에 관하여는 「개인정보 보호법」, 「정보통신망 이용촉진 및 정보보호 등에 관한 법률」 등 관련 법률에서 정하는 바에 따른다.

제2장 클라우드컴퓨팅 발전 기반의 조성

제5조(기본계획 및 시행계획의 수립) ① 과학기술정보통신부장관은 클라우드컴퓨팅의 발전과 이용 촉진 및 이용자 보호와 관련된 중앙행정기관(이하 "관계 중앙행정기관"이라 한다)의 클라우드컴퓨팅 관련 계획과 시책 등을 종합하여 3년마다 기본계획(이하 "기본계획"이라 한다)을 수립하고 「정보통신 진흥 및 융합 활성화 등에 관한 특별법」 제7조에 따른 정보통신 전략위원회의 심의를 거쳐 확정하여야 한다. <개정 2017. 7. 26.>

② 기본계획에는 다음 각 호의 사항이 포함되어야 한다.

1. 클라우드컴퓨팅 발전과 이용 촉진 및 이용자 보호를 위한 시책의 기본 방향
2. 클라우드컴퓨팅 산업의 진흥 및 이용 촉진을 위한 기반 조성에 관한 사항
3. 클라우드컴퓨팅의 도입과 이용 활성화에 관한 사항
4. 클라우드컴퓨팅기술의 연구개발 촉진에 관한 사항
5. 클라우드컴퓨팅 관련 전문인력의 양성에 관한 사항
6. 클라우드컴퓨팅 관련 국제협력과 해외진출 촉진에 관한 사항
7. 클라우드컴퓨팅서비스 이용자 정보 보호에 관한 사항
8. 클라우드컴퓨팅 관련 법령·제도 개선에 관한 사항
9. 클라우드컴퓨팅 관련 기술 및 산업 간 융합 촉진에 관한 사항
10. 그 밖에 클라우드컴퓨팅기술 및 클라우드컴퓨팅서비스의 발전과 안전한 이용환경 조성을 위하여 필요한 사항

③ 관계 중앙행정기관의 장은 기본계획에 따라 매년 소관별 시

행계획(이하 "시행계획"이라 한다)을 수립·시행하여야 한다.

④ 관계 중앙행정기관의 장은 다음 연도의 시행계획 및 전년도의 시행계획에 따른 추진실적을 대통령령으로 정하는 바에 따라 매년 과학기술정보통신부장관에게 제출하고, 과학기술정보통신부장관은 매년 시행계획에 따른 추진실적을 평가하여야 한다. <개정 2017. 7. 26.>

⑤ 제1항부터 제4항까지에서 규정한 사항 외에 기본계획 및 시행계획의 수립·시행, 추진실적의 제출·평가에 필요한 사항은 대통령령으로 정한다.

제6조(관계 기관의 협조) ① 과학기술정보통신부장관 및 관계 중앙행정기관의 장은 기본계획 또는 시행계획의 수립·시행을 위하여 필요한 경우에는 국가기관, 지방자치단체 및 「전자정부법」 제2조제3호에 따른 공공기관(이하 "국가기관등"이라 한다)의 장에게 협조를 요청할 수 있다. <개정 2017. 7. 26.>

② 제1항에 따른 요청을 받은 자는 정당한 사유가 없으면 이에 따라야 한다.

제7조(실태조사) ① 과학기술정보통신부장관은 클라우드컴퓨팅에 관한 정책의 효과적인 수립·시행에 필요한 산업 현황과 통계를 확보하기 위하여 실태조사를 할 수 있다. <개정 2017. 7. 26.>

② 과학기술정보통신부장관은 제1항에 따른 실태조사를 위하여 필요한 경우에는 클라우드컴퓨팅서비스 제공자나 그 밖의 관련 기관 또는 단체에 자료의 제출이나 의견의 진술 등을 요청할 수 있다. <개정 2017. 7. 26.>

③ 과학기술정보통신부장관은 관계 중앙행정기관의 장이 요구하는 경우 실태조사 결과를 통보하여야 한다. <개정 2017. 7. 26.>

④ 제1항부터 제3항까지에 따른 실태조사에 필요한 사항은 대통령령으로 정한다.

제8조(연구개발) ① 관계 중앙행정기관의 장은 클라우드컴퓨팅 기술 및 클라우드컴퓨팅서비스에 관한 연구개발사업을 추진할 수 있다.

② 관계 중앙행정기관의 장은 기업 · 연구기관 등에 제1항에 따른 연구개발사업을 수행하게 하고 그 사업 수행에 드는 비용의 전부 또는 일부를 지원할 수 있다.

 제9조(시범사업) ① 관계 중앙행정기관의 장은 클라우드컴퓨팅 기술 및 클라우드컴퓨팅서비스의 이용 · 보급을 촉진하기 위하여 시범사업을 추진할 수 있으며, 시범사업의 추진과 관련하여 지방자치단체에 협력을 요청할 수 있다.

② 관계 중앙행정기관의 장은 제1항에 따른 시범사업에 참여하는 자에게 재정적 지원을 할 수 있다.

제10조(세제 지원) 국가와 지방자치단체는 클라우드컴퓨팅기술 및 클라우드컴퓨팅서비스의 발전과 이용 촉진을 위하여 「조세특례제한법」, 「지방세특례제한법」, 그 밖의 조세 관련 법률에서 정하는 바에 따라 조세감면 등 필요한 조치를 할 수 있다.

제11조(중소기업에 대한 지원) ① 정부는 클라우드컴퓨팅의 발전과 이용 촉진 및 이용자 보호를 위하여 클라우드컴퓨팅 관련 중소기업(「중소기업기본법」 제2조에 따른 중소기업을 말한다. 이하 같다)에 다음 각 호의 지원을 할 수 있다.

1. 클라우드컴퓨팅서비스에 관한 정보 제공 및 자문
2. 이용자 정보를 보호하기 위하여 필요한 기술 및 경비의 지원
3. 클라우드컴퓨팅 관련 전문인력의 양성
4. 그 밖에 클라우드컴퓨팅 관련 중소기업의 육성을 위하여 필요한 사항

② 관계 중앙행정기관의 장은 제8조에 따른 연구개발사업을 추진할 때에는 클라우드컴퓨팅 관련 중소기업의 참여를 확대할 수 있는 조치를 마련하여야 한다.
③ 제1항 및 제2항에 따른 지원의 대상과 방법 등에 필요한 사항은 대통령령으로 정한다.

제12조(국가기관등의 클라우드컴퓨팅 도입 촉진) ① 국가기관등은 클

라우드컴퓨팅을 도입하도록 노력하여야 한다.

② 정부는 「지능정보화 기본법」에 따른 지능정보화 정책이나 사업 추진에 필요한 예산을 편성할 때에는 클라우드컴퓨팅 도입을 우선적으로 고려하여야 한다. <개정 2020. 6. 9.>

제13조(클라우드컴퓨팅 사업의 수요예보) ① 국가기관등의 장은 연 1회 이상 소관 기관의 클라우드컴퓨팅 사업의 수요정보를 과학기술정보통신부장관에게 제출하여야 한다. <개정 2017. 7. 26.>

② 과학기술정보통신부장관은 제1항에 따라 접수된 클라우드컴퓨팅 수요정보를 연 1회 이상 클라우드컴퓨팅서비스 제공자에게 공개하여야 한다. <개정 2017. 7. 26.>

③ 제1항에 따른 제출 및 제2항에 따른 공개의 구체적인 횟수·시기·방법·절차 등에 필요한 사항은 대통령령으로 정한다.

제14조(전문인력의 양성) ① 과학기술정보통신부장관은 클라우드컴퓨팅에 관한 전문인력을 양성하기 위하여 필요한 정책을 수립하고 추진할 수 있다. <개정 2017. 7. 26.>

② 과학기술정보통신부장관은 클라우드컴퓨팅 관련 교육훈련을 실시하는 교육기관 중 대통령령으로 정하는 요건을 갖춘 기관을 지정하여 필요한 경비의 전부 또는 일부를 지원할 수 있

다. <개정 2017. 7. 26.>

③ 과학기술정보통신부장관은 제2항에 따라 지정한 교육기관이 다음 각 호의 어느 하나에 해당하는 경우 그 지정을 취소할 수 있다. 다만 제1호에 해당하는 경우에는 그 지정을 취소하여야 한다. <개정 2017. 7. 26.>

1. 거짓이나 그 밖의 부정한 방법으로 지정받은 경우
2. 제2항에 따른 지정 요건에 적합하지 아니하게 된 경우
3. 교육기관 지정일부터 1년 이상 교육 실적이 없는 경우

④ 제1항부터 제3항까지에 따른 정책의 수립, 교육기관의 지정 요건, 지정 및 지정 취소 절차와 지원 내용 등에 필요한 사항은 대통령령으로 정한다.

제15조(국제협력과 해외진출의 촉진) 정부는 클라우드컴퓨팅 관련 국제협력과 클라우드컴퓨팅기술 및 클라우드컴퓨팅서비스의 해외진출을 촉진하기 위하여 다음 각 호의 사업을 추진할 수 있다.

1. 클라우드컴퓨팅 관련 정보·기술·인력의 국제교류
2. 클라우드컴퓨팅 관련 전시회 등 홍보와 해외 마케팅
3. 국가 간 클라우드컴퓨팅 공동 연구·개발
4. 클라우드컴퓨팅 관련 해외진출에 관한 정보의 수집·분석 및 제공
5. 클라우드컴퓨팅 관련 국제협력의 실효성 확보를 위한 국가 간 공조

6. 그 밖에 클라우드컴퓨팅 관련 국제협력 및 해외진출 촉진을 위하여 필요한 사업

제16조(클라우드컴퓨팅기술 기반 집적정보통신시설의 구축 지원) ① 국가와 지방자치단체는 클라우드컴퓨팅의 발전과 이용을 촉진하기 위하여 클라우드컴퓨팅기술을 이용하여 집적된 정보통신시설을 구축하려는 자에게 행정적·재정적·기술적 지원을 할 수 있다.

② 제1항에 따른 지원의 대상, 방법 및 절차 등에 필요한 사항은 대통령령으로 정한다.

제17조(산업단지의 조성) ① 국가와 지방자치단체는 클라우드컴퓨팅 산업 관련 기술의 연구·개발과 전문인력 양성 등을 통하여 클라우드컴퓨팅 산업의 진흥과 클라우드컴퓨팅의 활용 촉진을 위한 산업단지를 조성할 수 있다.

② 산업단지의 조성은 「산업입지 및 개발에 관한 법률」에 따른 국가산업단지, 일반산업단지 또는 도시첨단산업단지의 지정·개발 절차에 따른다.

③ 과학기술정보통신부장관은 산업단지의 조성을 촉진하기 위하여 필요하다고 인정하는 경우에는 국토교통부장관에게 산업단지로의 지정을 요청할 수 있다. <개정 2017. 7. 26.>

제18조(공정한 경쟁 환경 조성 등) ① 정부는 대기업(「중소기업기본법」 제2조에 따른 중소기업 및 「중견기업 성장촉진 및 경쟁력 강화에 관한 특별법」 제2조제1호에 따른 중견기업이 아닌 기업을 말한다)인 클라우드컴퓨팅서비스 제공자와 중소기업인 클라우드컴퓨팅서비스 제공자 간의 공정한 경쟁환경을 조성하고 상호간 협력을 촉진하여야 한다.

② 대기업인 클라우드컴퓨팅서비스 제공자는 중소기업인 클라우드컴퓨팅서비스 제공자에게 합리적인 이유 없이 그 지위를 이용하여 불공정한 계약을 강요하거나 부당한 이익을 취득하여서는 아니 된다.

③ 정부는 클라우드컴퓨팅 산업의 공정한 경쟁 환경 조성을 위하여 클라우드컴퓨팅 산업 경쟁 환경의 현황 분석 및 평가, 그 밖에 공정한 유통 환경을 조성하기 위하여 필요한 사업을 할 수 있다.

제19조(전담기관의 지정 등) ① 과학기술정보통신부장관은 클라우드컴퓨팅산업 진흥과 클라우드컴퓨팅 이용 촉진을 위하여 필요한 때에는 전담기관을 지정할 수 있다. <개정 2017. 7. 26.>

② 과학기술정보통신부장관은 전담기관의 사업 수행에 필요한 경비의 전부 또는 일부를 지원할 수 있다. <개정 2017. 7. 26.>

③ 전담기관의 지정 및 운영 등에 필요한 사항은 대통령령으로

정한다.

제3장 클라우드컴퓨팅서비스의 이용 촉진

제20조(국가기관등의 클라우드컴퓨팅서비스 이용 촉진) ① 국가기관등은 업무를 위하여 클라우드컴퓨팅서비스 제공자의 클라우드컴퓨팅서비스를 이용할 수 있도록 노력하여야 한다. <개정 2022. 1. 11.>

② 국가기관등은 제1항에 따른 클라우드컴퓨팅서비스 이용에 있어서 제23조의2제1항에 따른 보안인증을 받은 클라우드컴퓨팅서비스를 우선적으로 고려하여야 한다. <신설 2022. 1. 11.>

③ 과학기술정보통신부장관은 국가기관등이 제1항에 따른 클라우드컴퓨팅서비스를 이용할 수 있도록 다음 각 호의 어느 하나에 해당하는 서비스(이하 "디지털서비스"라 한다)를 선정할 수 있으며, 선정된 디지털서비스를 등록 및 관리하는 시스템(이하 "이용지원시스템"이라 한다)을 구축하여 운영할 수 있다. <신설 2022. 1. 11.>

1. 클라우드컴퓨팅서비스
2. 클라우드컴퓨팅서비스를 지원하는 서비스
3. 지능정보기술 등 다른 기술·서비스와 클라우드컴퓨팅기술을 융합한 서비스

④ 그 밖에 디지털서비스의 선정 및 이용지원시스템의 구축·운영에 필요한 사항은 대통령령으로 정한다. <신설 2022. 1. 11.>

[제목개정 2022. 1. 11.]

제21조(전산시설등의 구비) 다른 법령에서 인가·허가·등록·지정 등의 요건으로 전산 시설·장비·설비 등(이하 "전산시설등"이라 한다)을 규정한 경우 해당 전산시설등에 클라우드컴퓨팅서비스가 포함되는 것으로 본다. 다만, 다음 각 호의 어느 하나에 해당하는 경우에는 그러하지 아니하다.

1. 해당 법령에서 클라우드컴퓨팅서비스의 이용을 명시적으로 금지한 경우
2. 해당 법령에서 회선 또는 설비의 물리적 분리구축 등을 요구하여 사실상 클라우드컴퓨팅서비스 이용을 제한한 경우
3. 해당 법령에서 요구하는 전산시설등의 요건을 충족하지 못하는 클라우드컴퓨팅서비스를 이용하는 경우

제22조(상호 운용성의 확보) 과학기술정보통신부장관은 클라우드컴퓨팅서비스의 상호 운용성을 확보하기 위하여 필요한 경우에는 클라우드컴퓨팅서비스 제공자에게 협력 체계를 구축하도록 권고할 수 있다. <개정 2017. 7. 26.>

제4장 클라우드컴퓨팅서비스의 신뢰성 향상 및 이용자 보호

제23조(신뢰성 향상) ① 클라우드컴퓨팅서비스 제공자는 클라우드컴퓨팅서비스의 품질·성능 및 정보보호 수준을 향상시키기 위하여 노력하여야 한다.

② 과학기술정보통신부장관은 클라우드컴퓨팅서비스의 품

질·성능에 관한 기준 및 정보보호에 관한 기준(관리적·물리적·기술적 보호조치를 포함한다. 이하 "보안인증기준"이라 한다)을 정하여 고시하고, 클라우드컴퓨팅서비스 제공자에게 그 기준을 지킬 것을 권고할 수 있다. <개정 2017. 7. 26., 2022. 1. 11.>

③ 과학기술정보통신부장관이 제2항에 따라 클라우드컴퓨팅서비스의 품질·성능에 관한 기준을 고시하려는 경우에는 미리 방송통신위원회의 의견을 들어야 한다. <개정 2017. 7. 26.>

제23조의2(클라우드컴퓨팅서비스의 보안인증) ① 과학기술정보통신부장관은 정보보호 수준의 향상 및 보장을 위하여 보안인증기준에 적합한 클라우드컴퓨팅서비스에 대하여 대통령령으로 정하는 바에 따라 인증(이하 "보안인증"이라 한다)을 할 수 있다.

② 보안인증의 유효기간은 인증 서비스 등을 고려하여 대통령령으로 정하는 5년 내의 범위로 하고, 보안인증의 유효기간을 연장받으려는 자는 대통령령으로 정하는 바에 따라 유효기간의 갱신을 신청하여야 한다.

③ 클라우드컴퓨팅서비스 제공자는 보안인증을 받은 클라우드컴퓨팅서비스에 대하여 보안인증을 표시할 수 있다.

④ 누구든지 보안인증을 받지 아니한 클라우드컴퓨팅서비스에 대하여 보안인증 표시 또는 이와 유사한 표시를 하여서는 아니 된다.

⑤ 과학기술정보통신부장관은 「정보통신망 이용촉진 및 정보보호 등에 관한 법률」 제52조에 따른 한국인터넷진흥원 또는 대통령령에 따라 과학기술정보통신부장관이 지정한 기관(이하 "인증기관"이라 한다)으로 하여금 보안인증에 관한 업무로서 다음 각 호의 업무를 수행하게 할 수 있다.

1. **보안인증기준에 적합한지 여부를 확인하기 위한 평가**(이하 "인증평가"라 한다)
2. **인증평가 결과의 심의**
3. **보안인증서의 발급·관리**
4. **보안인증의 사후관리**
5. **보안인증평가원의 양성 및 자격관리**
6. **그 밖에 보안인증에 관한 업무**

⑥ 과학기술정보통신부장관은 보안인증에 관한 업무를 효율적

으로 수행하기 위하여 필요한 경우 인증평가 업무를 수행하는 기관(이하 "평가기관"이라 한다)을 지정할 수 있다.

⑦ 평가기관은 보안인증을 받으려는 자에 대하여 대통령령으로 정하는 바에 따라 수수료를 받을 수 있다.

⑧ 제1항에 따른 보안인증의 대상, 제2항에 따른 유효기간의 연장, 제5항 및 제6항에 따른 인증기관 및 평가기관 지정의 기준·절차·유효기간 등에 필요한 사항은 대통령령으로 정한다.

[본조신설 2022. 1. 11.]

제23조의3(보안인증의 취소) ① 과학기술정보통신부장관은 보안인증을 받은 클라우드컴퓨팅서비스가 다음 각 호의 어느 하나에 해당하는 때에는 그 보안인증을 취소할 수 있다. 다만, 제1호에 해당하는 경우에는 그 보안인증을 취소하여야 한다.

 1. 거짓이나 그 밖의 부정한 방법으로 보안인증이 이루어진 경우
 2. 보안인증기준에 적합하지 아니하게 된 경우

② 과학기술정보통신부장관은 제1항에 따라 보안인증을 취소하려는 경우에는 청문을 하여야 한다.

[본조신설 2022. 1. 11.]

제23조의4(인증기관 및 평가기관의 지정취소 등) ① 과학기술정보통신부장관은 제23조의2제5항 또는 같은 조 제6항에 따라 인증기

관 또는 평가기관으로 지정받은 법인 또는 단체가 다음 각 호의 어느 하나에 해당하면 그 지정을 취소하거나 1년 이내의 기간을 정하여 해당 업무의 전부 또는 일부의 정지를 명할 수 있다. 다만, 제1호 또는 제2호에 해당하는 경우에는 그 지정을 취소하여야 한다.

1. 거짓이나 그 밖의 부정한 방법으로 인증기관 또는 평가기관의 지정을 받은 경우
2. 업무정지 기간 중에 보안인증 또는 인증평가를 한 경우
3. 정당한 사유 없이 보안인증 또는 인증평가를 하지 아니한 경우
4. 제23조의2제1항에 따른 보안인증기준을 위반하여 보안인증 또는 인증평가를 한 경우
5. 제23조의2 제8항에 따른 지정기준에 적합하지 아니하게 된 경우

② 제1항에 따른 지정취소 및 업무정지 등에 필요한 사항은 대통령령으로 정한다.
[본조신설 2022. 1. 11.]

제24조(표준계약서) ① 과학기술정보통신부장관은 이용자를 보호하고 공정한 거래질서를 확립하기 위하여 공정거래위원회와 협의를 거쳐 클라우드컴퓨팅서비스 관련 표준계약서를 제정·개정하고, 클라우드컴퓨팅서비스 제공자에게 그 사용을 권고할 수 있다. 이 경우 클라우드컴퓨팅서비스 제공자, 이용자

등의 의견을 들을 수 있다. <개정 2017. 7. 26.>

② 과학기술정보통신부장관이 제1항에 따라 표준계약서를 제정·개정하려는 경우에는 미리 방송통신위원회의 의견을 들어야 한다. <개정 2017. 7. 26.>

제25조(침해사고 등의 통지 등) ① 클라우드컴퓨팅서비스 제공자는 다음 각 호의 어느 하나에 해당하는 경우에는 지체 없이 그 사실을 해당 이용자에게 알려야 한다.

1. 「정보통신망 이용촉진 및 정보보호 등에 관한 법률」 제2조제7호에 따른 침해사고(이하 "침해사고"라 한다)가 발생한 때

2. 이용자 정보가 유출된 때

3. 사전예고 없이 대통령령으로 정하는 기간(당사자 간 계약으로 기간을 정하였을 경우에는 그 기간을 말한다) 이상 서비스 중단이 발생한 때

② 클라우드컴퓨팅서비스 제공자는 제1항제2호에 해당하는 경우에는 즉시 그 사실을 과학기술정보통신부장관에게 알려야 한다. <개정 2017. 7. 26.>

③ 과학기술정보통신부장관은 제2항에 따른 통지를 받거나 해당 사실을 알게 되면 피해 확산 및 재발의 방지와 복구 등을 위하여 필요한 조치를 할 수 있다. <개정 2017. 7. 26.>

④ 제1항부터 제3항까지의 규정에 따른 통지 및 조치에 필요한 사항은 대통령령으로 정한다.

제26조(이용자 보호 등을 위한 정보 공개) ① 이용자는 클라우드컴퓨팅서비스 제공자에게 이용자 정보가 저장되는 국가의 명칭을 알려 줄 것을 요구할 수 있다.

② 정보통신서비스(「정보통신망 이용촉진 및 정보보호 등에 관한 법률」 제2조제2호에 따른 정보통신서비스를 말한다. 이하 제3항에서 같다)를 이용하는 자는 정보통신서비스 제공자(「정보통신망 이용촉진 및 정보보호 등에 관한 법률」 제2조제3호에 따른 정보통신서비스 제공자를 말한다. 이하 제3항에서 같다)에게 클라우드컴퓨팅서비스 이용 여부와 자신의 정보가 저장되는 국가의 명칭을 알려 줄 것을 요구할 수 있다.

③ 과학기술정보통신부장관은 이용자 또는 정보통신서비스 이용자의 보호를 위하여 필요하다고 인정하는 경우에는 클라우드컴퓨팅서비스 제공자 또는 정보통신서비스 제공자에게 제1항 및 제2항에 따른 정보를 공개하도록 권고할 수 있다. <개정 2017. 7. 26.>

④ 과학기술정보통신부장관이 제3항에 따라 정보를 공개하도록 권고하려는 경우에는 미리 방송통신위원회의 의견을 들어야 한다. <개정 2017. 7. 26.>

제27조(이용자 정보의 보호) ① 클라우드컴퓨팅서비스 제공자는 법원의 제출명령이나 법관이 발부한 영장에 의하지 아니하고는 이용자의 동의 없이 이용자 정보를 제3자에게 제공하거나 서비

스 제공 목적 외의 용도로 이용할 수 없다. 클라우드컴퓨팅서비스 제공자로부터 이용자 정보를 제공받은 제3자도 또한 같다.

② 클라우드컴퓨팅서비스 제공자는 이용자 정보를 제3자에게 제공하거나 서비스 제공 목적 외의 용도로 이용할 경우에는 다음 각 호의 사항을 이용자에게 알리고 동의를 받아야 한다. 다음 각 호의 어느 하나의 사항이 변경되는 경우에도 또한 같다.

1. 이용자 정보를 제공받는 자
2. 이용자 정보의 이용 목적(제공 시에는 제공받는 자의 이용 목적을 말한다)
3. 이용 또는 제공하는 이용자 정보의 항목
4. 이용자 정보의 보유 및 이용 기간(제공 시에는 제공받는 자의 보유 및 이용 기간을 말한다)
5. 동의를 거부할 권리가 있다는 사실 및 동의 거부에 따른 불이익이 있는 경우에는 그 불이익의 내용

③ 클라우드컴퓨팅서비스 제공자는 이용자와의 계약이 종료되었을 때에는 이용자에게 이용자 정보를 반환하여야 하고 클라우드컴퓨팅서비스 제공자가 보유하고 있는 이용자 정보를 파기하여야 한다. 다만, 이용자가 반환받지 아니하거나 반환을 원하지 아니하는 등의 이유로 사실상 반환이 불가능한 경우에는 이용자 정보를 파기하여야 한다.

④ 클라우드컴퓨팅서비스 제공자는 사업을 종료하려는 경우에는 그 이용자에게 사업 종료 사실을 알리고 사업 종료일 전까지

이용자 정보를 반환하여야 하며 클라우드컴퓨팅서비스 제공자가 보유하고 있는 이용자 정보를 파기하여야 한다. 다만, 이용자가 사업 종료일 전까지 반환받지 아니하거나 반환을 원하지 아니하는 등의 이유로 사실상 반환이 불가능한 경우에는 이용자 정보를 파기하여야 한다.

⑤ 제3항 및 제4항에도 불구하고 클라우드컴퓨팅서비스 제공자와 이용자 간의 계약으로 특별히 다르게 정한 경우에는 그에 따른다.

⑥ 제3항 및 제4항에 따른 이용자 정보의 반환 및 파기의 방법·시기, 계약 종료 및 사업 종료 사실의 통지 방법 등에 필요한 사항은 대통령령으로 정한다.

제28조(이용자 정보의 임치) ① 클라우드컴퓨팅서비스 제공자와 이용자는 전문인력과 설비 등을 갖춘 기관[이하 "수치인"(受置人)이라 한다]과 서로 합의하여 이용자 정보를 수치인에게 임치(任置)할 수 있다.

② 이용자는 제1항에 따른 합의에서 정한 사유가 발생한 때에 수치인에게 이용자 정보의 제공을 요구할 수 있다.

제29조(손해배상책임) 이용자는 클라우드컴퓨팅서비스 제공자가 이 법의 규정을 위반한 행위로 인하여 손해를 입었을 때에는

그 클라우드컴퓨팅서비스 제공자에게 손해배상을 청구할 수 있다. 이 경우 해당 클라우드컴퓨팅서비스 제공자는 고의 또는 과실이 없음을 입증하지 아니하면 책임을 면할 수 없다.

제5장 보칙

제30조(사실조사 및 시정조치) ① 과학기술정보통신부장관은 클라우드컴퓨팅서비스 제공자가 이 법을 위반한 행위가 있다고 인정하면 소속 공무원에게 이를 확인하기 위하여 필요한 조사를 하게 할 수 있다. <개정 2017. 7. 26.>

② 과학기술정보통신부장관은 제1항에 따른 조사를 위하여 필요하면 소속 공무원에게 클라우드컴퓨팅서비스 제공자의 사무소·사업장에 출입하여 장부·서류, 그 밖의 자료나 물건을 조사하게 할 수 있다. <개정 2017. 7. 26.>

③과학기술정보통신부장관은 제1항에 따라 조사를 하는 경우 조사 7일 전까지 조사 기간·이유·내용 등을 포함한 조사계획을 해당 클라우드컴퓨팅서비스 제공자에게 알려야 한다. 다만, 긴급한 경우나 사전에 통지하면 증거인멸 등으로 조사 목적을 달성할 수 없다고 인정하는 경우에는 그러하지 아니하다. <개정 2017. 7. 26.>

④ 제2항에 따라 클라우드컴퓨팅서비스 제공자의 사무소·사업장에 출입하여 조사하는 사람은 그 권한을 표시하는 증표를

관계인에게 보여주어야 하며, 조사를 할 때에는 해당 사무소나 사업장의 관계인을 참여시켜야 한다.

⑤ 과학기술정보통신부장관은 제25조제1항 또는 제27조를 위반한 클라우드컴퓨팅서비스 제공자에게 해당 위반행위의 중지나 시정을 위하여 필요한 조치를 명할 수 있다. <개정 2017. 7. 26.>

제31조(위임 및 위탁) ① 이 법에 따른 과학기술정보통신부장관 및 관계 중앙행정기관의 장의 권한은 대통령령으로 정하는 바에 따라 그 일부를 그 소속 기관의 장에게 위임할 수 있다. <개정 2017. 7. 26.>

② 이 법에 따른 과학기술정보통신부장관 및 관계 중앙행정기관의 업무는 대통령령으로 정하는 바에 따라 그 일부를 전문기관에 위탁할 수 있다. <개정 2017. 7. 26.>

제32조(비밀 엄수) 이 법에 따라 위탁받은 업무에 종사하거나 종사하였던 자는 업무를 수행하는 과정에서 알게 된 클라우드컴퓨팅서비스 제공자의 사업상 비밀을 누설하여서는 아니 된다.

제33조(벌칙 적용 시 공무원 의제) 제31조제2항에 따라 위탁받은 업무에 종사하는 전문기관의 임직원은 「형법」 제129조부터 제

132조까지의 규정에 따른 벌칙을 적용할 때에는 공무원으로 본다.

제6장 벌칙

제34조(벌칙) 제27조제1항을 위반하여 이용자의 동의 없이 이용자 정보를 이용하거나 제3자에게 제공한 자 및 이용자의 동의 없음을 알면서도 영리 또는 부정한 목적으로 이용자 정보를 제공받은 자는 5년 이하의 징역 또는 5천만원 이하의 벌금에 처한다.

제35조(벌칙) 제32조를 위반하여 위탁받은 업무를 수행하는 과정에서 알게 된 비밀을 누설하는 자는 3년 이하의 징역 또는 3천만원 이하의 벌금에 처한다.

제36조(양벌규정) 법인의 대표자나 법인 또는 개인의 대리인, 사용인, 그 밖의 종업원이 그 법인 또는 개인의 업무에 관하여 제34조 및 제35조의 위반행위를 하면 그 행위자를 벌하는 외에 그 법인 또는 개인에게도 해당 조문의 벌금형을 과(科)한다. 다만, 법인 또는 개인이 그 위반행위를 방지하기 위하여 해당 업무에 관하여 상당한 주의와 감독을 게을리하지 아니한 경우에는 그러하지 아니하다.

제37조(과태료) ① 다음 각 호의 어느 하나에 해당하는 자에게는 1천만원 이하의 과태료를 부과한다. <개정 2017. 7. 26., 2022. 1. 11.>

1. 제23조의2제4항을 위반하여 보안인증 표시 또는 이와 유사한 표시를 한 자
2. 제25조제1항을 위반하여 침해사고, 이용자 정보 유출, 서비스 중단 발생 사실을 이용자에게 알리지 아니한 자
3. 제25조제2항을 위반하여 이용자 정보 유출 발생 사실을 과학기술정보통신부장관에게 알리지 아니한 자
4. 제27조제3항 또는 제4항을 위반하여 이용자 정보를 반환하지 아니하거나 파기하지 아니한 자
5. 제30조제5항에 따른 중지명령이나 시정명령을 이행하지 아니한 자

② 제1항에 따른 과태료는 대통령령으로 정하는 바에 따라 과학기술정보통신부장관이 부과·징수한다. <개정 2017. 7. 26.>

부　　칙 <법률 제13234호, 2015. 3. 27.>
이 법은 공포 후 6개월이 경과한 날부터 시행한다.

부　　칙 <법률 제14839호, 2017. 7. 26.> (정부조직법)

제1조(시행일) ① 이 법은 공포한 날부터 시행한다. 다만, 부칙 제5조에 따라 개정되는 법률 중 이 법 시행 전에 공포되었으나 시행일이 도래하지 아니한 법률을 개정한 부분은 각각 해당 법

률의 시행일부터 시행한다.

제2조 부터 제4조까지 생략

제5조(다른 법률의 개정) ①부터 <335>까지 생략

<336> 클라우드컴퓨팅 발전 및 이용자 보호에 관한 법률 일부를 다음과 같이 개정한다.

제5조제1항·제4항, 제6조제1항, 제7조제1항부터 제3항까지, 제13조제1항·제2항, 제14조제1항·제2항, 같은 조 제3항 각 호 외의 부분 본문, 제17조제3항, 제19조제1항·제2항, 제22조, 제23조제2항·제3항, 제24조제1항 전단, 같은 조 제2항, 제25조제2항·제3항, 제26조제3항·제4항, 제30조제1항·제2항, 같은 조 제3항 본문, 같은 조 제5항, 제31조제1항·제2항, 제37조제1항 제2호 및 같은 조 제2항 중 "미래창조과학부장관"을 각각 "과학기술정보통신부장관"으로 한다.

<337>부터 <382>까지 생략

제6조 생략

부   칙 <법률 제17344호, 2020. 6. 9.> (지능정보화 기본법)

제1조(시행일) 이 법은 공포 후 6개월이 경과한 날부터 시행한다. <단서 생략>

제2조 부터 제6조까지 생략

제7조 (다른 법률의 개정) ①부터 ⑰까지 생략

⑱ 클라우드컴퓨팅 발전 및 이용자 보호에 관한 법률 일부를 다음과 같이 개정한다.

제2조제4호 중 "「국가정보화 기본법」 제3조제1호"를 "「지능정보화 기본법」 제2조제1호"로 한다.

제12조제2항 중 "「국가정보화 기본법」에 따른 국가정보화"를 "「지능정보화 기본법」에 따른 지능정보화"로 한다.

⑲및 ⑳생략

제8조 생략

부　　칙 <법률 제18738호, 2022. 1. 11.>

이 법은 공포 후 1년이 경과한 날부터 시행한다.

◆정리◆

지난 2018년 9월 건축법시행령의 개정으로 '별표1' 용도별 건축물의 종류 중 제24호(방송통신용 시설)의 하위 시설로 데이터센터의 건축물 용도가 신설되었다. 이는 향후 데이터센터 구축 및 운영 활성화를 위한 규제 개선의 추진 근거를 마련했다는 점에서 의의가 있다.

그러나 데이터센터는 방송통신시설과 이용목적, 구조 및 형태에 있어 완전히 다른 시설로, 개정 법령이 데이터센터 시설의 특성을 반영하지 못하여 실질적 규제개선 효과를 발휘하기에는 한계를 지니고 있다.

따라서 장기적으로 데이터센터를 방송통신시설과는 다른 새로운 시설군 및 용도군(전기통신 및 데이터센터시설군, 데이터센터시설)으로 식별 할 수 있도록 별도의 규정을 신설함으로써 데이터센터 시설의 특성이 반영될 수 있어야 할 것이다.

또한 데이터센터 구축 및 운영에 있어서 안정적이고 친환경적인 전력 공급은 필수불가결한 요소이다.

정부와 국회는 데이터센터 등 전력계통에 영향을 미칠 수 있는 대용량전력 소비시설에 대해 '전력계통영향평가' 도입을 추진하고 있다. 이를 실현하기 위한 법적 근거로서 2021년 7월 '분산에너지 활성화 특별법'이 발의되었다.

전력계통영향평가는 대용량전력소비 사업에 대해 사전에 영향평가를 수행하고 이를 산업통상자원부 내 심의위원회에서 심의하고, 그 결과에 따른 조치 사항을 이행하지 않거나 전력계통에 중대한 영향이 미칠 것으로 판단될 때에는 산업부 장관이 공사 중지 명령까지 할 수 있는 제도다. 위 특별법은 이를 법에 명시하여 대용량전력 소비 시설이 수도권과 대도시에 집중되면서 발생하는 전력계통 포화를 방지하겠다는 취지다.

한편, 위 특별법은 국회 내 '에너지 정쟁화'의 격화로 사실상 통과가 어려워져 업계에서는 정부안으로라도 다시 추진해야 한다는 목소리가 크다.

이에 산업통상자원부는 올 4월, 제주도와 협력하여 <분산에너지 활성화 기본계획>을 마련하였다. 중앙 정부가 제시한 정책 방향을 토대로 제주 지역 특성을 고려하여 계승 발전시킨 것이다. 이를 첫걸음으로 하여 중앙과 지방, 그리고 관련 전문가들의 긴밀한 협업으로 분산에너지 활성화 체계가 구축될 것으로

기대된다.

코로나19 이후 온라인 등 비대면 서비스가 급성장하면서 그 핵심기반시설인 데이터센터의 수요도 크게 증가할 것으로 전망된다. 데이터센터의 특성을 잘 반영한 건축물 용도 규정과 대용량 전력공급에 필요한 법적 근거가 마련되어 시행된다면 보다 현실적인 데이터센터 산업의 성장을 도모할 수 있을 것이다.

◆부록◆

부록은 데이터센터 비즈니스의 지속가능성장을 위한 IDC ASIA의 전략적 제언입니다.

대한민국 아시아 데이터센터 플랫폼 전략

IDC ASIA Corp.

대한민국이 새로운 아시아 데이터센터의 플랫폼으로 주목받고 있다. 데이터센터 비즈니스는 차세대 IT 플랫폼 기반의 혁신 비즈니스로 평가받고 있으며, 현재 글로벌 데이터센터 주요 대표 기업들이 한국의 체계적 IT인프라 및 경제적 전력비용, 클라우드 서비스와 기업데이터(빅데이터 / 모바일 서비스 / 커넥티드 디바이스)의 글로벌 차원의 비약적 증가 등으로 인해 한국진출을 본격 시작하고 있다. 추가적으로 살펴보면, 일본과는 달리 지진 위험에서도 상당히 안전하고, 또한 중국과는 달리 국가적 보안유지성이 확보될 수 있는 국가가 아시아에서는 한국과 싱가폴 외에는 사실상 없으며, 현재 싱가폴은 데이터센터를 신규로 유치하기에는 전력공급 역량과 국가 에너지 지원정책이 사실상 불가능하기 때문이다. 우리 정부 역시 데이터센터를 차세대 미래 국가경쟁력으로 기대하고 관련 지원책을 모색하고 있는 상황으로 인지하고 있다. 한국에게는 절묘한 기회타이밍이다.

데이터센터란 컴퓨터 시스템과 통신장비, 저장장치인 스토리지 등이 설치된 시설을 말한다. 데이터센터는 한마디로 빅데이터를 저장하고 유통하는 핵심인프라이다. 전력 공급이 중단되면 이러한 기능이 마비되기 때문에 예비 전력 공급 장치까지를 갖추고 있는 것이다. 디지털 전환의 핵심인프라인 데이터센터를 위한 핵심자원은 전력인 것이다.

IDC Asia는 현재 글로벌 데이터센터의 PM(프로젝트 매니저먼트) 파트너를 맡고 있으며, 이 과정에서 실무적으로 느꼈던 소회를 기반으로 대한민국 데이터센터 글로벌 플랫폼 전략을 본 비즈니스의 핵심자원인 전력을 중심으로 제시하고자 한다.

현재 국내외 민간데이터센터가 2024년까지 24개 신규 설립되며, 현시점에서 계획단계인 19개 데이터센터까지 합하면 신규 숫자가 40개가 넘을 것으로 예상되며, 과거와 달리 대형급 데이터센터 중심임을 고려하면 2024년 전력 소비예상량은 보수적으로 평가하여도 지난해 전력소비량의 최소 두배를 넘길 수치이다. 특히, 대부분 수도권에 집중화 되어 있는 것이 현실이다. 최근 한 글로벌 데이터센터사가 수도권 주요 타당성 검토지역에 전력 공급가능 확인신청을 한 결과 유관기관으로부터 대용량 전력공급이 쉽지 않다는 피드백을 받은 것을 확인하였다. 즉 수도권에서 데이터센터 관련 전력수급 문제가 도래된 것을 의미한다. 즉 글로벌 데이터센터 기업들이 대한민국이 IT 인프라 환경이 안정적이라는 모멘텀으로부터 아시아 플랫폼 허브로서 진출을 시작하였으나, 몇 해 사이에 수도권 데이터센터 집중 구축으로 인해 역설적으로 전력 공급환경이 예측가능하지 않는 리스크를 맞이한 것이다.

이제 대한민국이 아시아 데이터센터 플랫폼이 되기 위해서는 해외 주요 데이터센터 플랫폼 국가들이 운영하고 있는 '전력계통 영향평가제도' 적용이 반드시 필요하다. 추가 송전로나 변전소 설립처럼 사회적 합의나 대규모 인프라 비용이 발생하는 방식이 아닌 계통연결이 가능한 곳에서만 데이터센터 설립을 실효적, 경제적으로 평가허용하는 것이다. 이를 통해 전력수요가 구조적으로 적은 지자체가 자연스레 계통연결 지점이 될 것이며, 적절한 유치 인센티브가 제공되면 충분히 글로벌 데이터센터사를 유치할 수 있을 것이다.

민간데이터센터가 수도권에 몰리는 이유는 한마디로 고객의 니즈 때문이다. 데이터센터와 해당 기업과의 물리적 거리가 가까우므로 통신비가 절약되며, 변전소 등의 기존설비의 활용으로 구축비용이 절감되기 때문이다. 글로벌 데이터센터사들의 경우, 과거 유럽진출의 경험으로 지방 지자체와 회사간의 상호 윈-윈의 인프라 지원조건이 제시된다면 유연하게 검토할 수 있다는 것이 기본 취지이다. 일본의 데이터센터 기업을 대도시에서 지방도시로의 전환를 유도하는 '지역데이터센터 정비촉진정책'을 연구하면 좋을 것이다. 또한 아일랜드 정부가 데이터센터를 사회기반시설로 규정하고 전력유통 담당조직과 전력분산 로드맵을 수립하여 유럽의 대표적 데이터센터 허브국가로 평가되고 있는 것을 벤치마킹하여야 할 것이다.

이런 사례를 우리에게 적용하자면 대한민국 글로벌 데이터센터 플랫폼 전력의 핵심이자 시작점은 전력유통의 체계적 모니터링 및 객관적 승인 시스템인 '전력 계통영향평가제도'의 도입인 것이다. 대한민국이 데이터센터라는 차세대 디지털혁신 플랫폼을 통해 글로벌 창조혁신의 IT 허브로서의 지속가능성장을 기대한다.

대한민국 데이터센터
리스크 매니지먼트

IDC ASIA Corp.

현재 대한민국은 글로벌 데이터센터 비즈니스의 새로운 아시아 허브로 평가되고 있다. 유수의 글로벌 데이터센터사들이 진출했으며, 올해 본격적으로 시장 확장에 나서고 있다. 특히 현 정부에서도 데이터센터 비즈니스를 대한민국의 4차산업혁명의 신성장 동력 비즈니스 생태계로 판단하고 적극적 지원에 나서고 있다.

IDC Asia는 최근 정부에서 입법 추진하고 있는 '데이터센터 전력계통 영향평가' 도입을 적극 환영한다. '전력계통 영향평가'란 산업통상자원부 내 심의위원회를 주관으로 하여, 데이터센터 등 대규모 전력수요 시설이 전력계통에 미치는 영향을 평가해 특정지역으로의 전력계통 포화를 막는다는 취지이다. 다른 표현으로는 전기수요의 분산화를 통해 대한민국 전력공급의 안정성을 구축하자는 '분산에너지 활성화 특별법'의 발의인 것이다.

물론 현재에도 전력다소비 시설 건립을 위해서는 한전과 전력계통을 협의해야 하나, 특별법으로 법제화해 환경영향평가처럼 정부가 전력계통 상황을 직접 관리하겠다는 의지인 것이다.

현재 수도권에서 대용량전력의 확보는 사실상 전쟁에 가깝게 느껴지고 있다. 특히 지역별 잉여전력을 명확히 확인할 수 없는 상황에서 국내외 데이터센터사들이 합리적으로 사업타당성 조사 및 비즈니스 런칭을 하기란 매우 어려운 실정이다. 오히려 데이터센터 전력계통 영향평가를 통해 투명하게 체계적으로 대용량 전력신청을 평가하고 신속하게 허용하는 것이 바람직하다는 것이다. 다만 전제 조건은 이것이 부정적 통제의 개념이 아닌 적극적 지원의 리스크 매니지먼트 개념이어야 한다는 것이다.

전력계통 영향평가제가 성공적으로 도입하기 위해서는 평가과정이 객관적이고 투명해야 한다. 먼저 대용량 전력신청자의 전력사용계획을 중립적으로 그리고 다면적으로 평가해야 한다. 실제적이고 실효적인 시설운영 여부를 평가하기 위해서 먼저 산자부심의위원회 구성에 전력전문가, 데이터산업 전문가, 재생에너지 전문가, 도시계획 전문가, 환경전문가 등이 포함돼야 한다. 이런 데이터센터 비즈니스를 직간접으로 둘러싼 다양한 영역의 전문가 평가위원을 기반으로 사회적 수용성, 친환경에너지 비중, 발전기의 송전손실 규모 등을 다면적으로 평가해 전력계통영향 평가의 신뢰성 및 실효성의 지속가능 역량을 부여해야 한다. 특히 이 평가 과정의 결과를 기반으로 전력계통 정보공개 시스템을 구축하고 공개해 글로벌 데이터센터사들의 부지선정을 위한 신뢰성 있는 정부단위의 컨설팅지원책으로 만들면 해외기업의 국내투자를 위한 최고의 행정서비스가 될 것이다.

둘째 데이터센터 건립에, 소형 수소에너지 발전소 등 신재생에너지를 통해 자체 전력공급이 적극 이뤄질 수 있도록 정부지원책이 수반돼야 한다. 신재생에너지의 자가발전 유도를 위해서는 건설 보조금 지급 등 여러 방법들이 강구될 수 있다. 이의 세부실행을 위해서는 산자부 내에 신재생에너지 통합 관제시스템

이 반드시 구축돼야 하며 결국 환경부 주관의 탄소배출권과의 선순환 협력도 가능하게 된다.

마지막으로 수도권이 아닌 지방으로의 데이터센터사 유치를 위한 분산편익 지원제도의 도입이다. 글로벌 데이터센터사들이 아직은 수도권 위치의 클라이언트 기업과의 데이터 전송 통신비 증대 등의 이유로 비수도권 건설을 긍정적으로 보지 않지만, 장기적 관점에서 전력수요 밀접지역 외 지역입주시 송전설비 구축 비용 지원 및 세제혜택 등의 인센티브 지원이 주어진다면 충분히 전력분산화가 이뤄질 수 있다.

대한민국의 차세대 성장동력인 데이터센터 비즈니스의 지속가능성장을 위한 그리고 우리 국민들의 안정적 전력공급 생태계를 위한 리스크 매니지먼트 핵심전략으로 '전력계통 영향평가제' 도입을 적극 기대한다.

데이터센터
전기에너지 관리의 중요성

IDC ASIA Corp.

우리는 빅데이터의 파도 속에 살고 있다. 코로나 19의 장기화로 비대면 사회구조로의 전환은 데이터 사용을 기하급수적으로 늘게 만들었다. 원격 학교수업과 비즈니스 회의 그리고 종교행사까지 우리는 일상 생활 속에 수많은 빅데이터를 창출하고 있는 것이다. 여기서 우리 하나 인식해야 할 점은 데이터들이 모두 인터넷을 통해 전송되지만 오프라인 공간을 통해 저장된다는 사실이다. 그리고 우리는 그곳을 '데이터센터'라 부른다.

데이터센터는 서버, 네트워크, 스토리지 등 IT 서비스 제공에 필요한 장비를 한 건물에 모아 통합 관리하는 시설로 정의되며 현재 구글, 아마존, 애플과 같은 글로벌 IT사 및 KT와 같은 통신사, 네이버 같은 포털사이트까지 데이터센터를 운영 중에 있다. 현재 국내외 민간데이터센터는 2024년까지 24개 신규 설립되며 현시점에서 계획단계인 19개 데이터센터까지 합하면 신규숫자가 40개가 넘을 것으로 예상된다. 과거와 달리 대형급 데이터센터 중심임을 고려하면 2024년 전력 소비 예상량은 보수적으로 평가해도 지난해 전력소비량의 최소 두 배를 넘길 수치이다. 데이터센터 비즈니스가 지속가능하기 위해서는 결국 안정적 전력 공급과 더불어 데이터센터사 자체가 전기에너지 절감 비즈니스 모델을 구축해야 하는 것을 직감적으로 간파할 수 있는 것이다.

데이터센터의 소비전력을 절감할 수 있는 가장 효율성 있는 노력은 저전력 데이터센터용 메모리를 탑재하여야 한다. 필자는 역설적으로 대한민국의 반도체 기술이 데이터센터의 지속가능 성장의 핵심 요인으로 작용할 것으로 생각한다. SSD와 같은 저전력 메모리의 가치는 계속 높아질 것이다.

두번째로 하이퍼스케일 데이터 센터로의 전환과 노력이다. 현재 데이터센터의 전기에너지 사용 비중을 보면 IT 장비가 전체의 52% 정도를 차지하고 냉방에서 40% 정도를 사용하고 있다. 이에 따라 데이터센터의 전기에너지 절감을 위해서는 가장 먼저 장비의 전력효율성이 제고되어야 하는 것이다. 하이퍼스케일(Hyperscale)은 분산된 컴퓨팅 환경을 최대 수천 개의 서버로 확장할 수 있는 완전한 하드웨어 및 시설의 조합을 의미하며 평균적으로 하이퍼스케일의 1개 서버는 기존 서버의 3.75대를 대체할 수 있다.

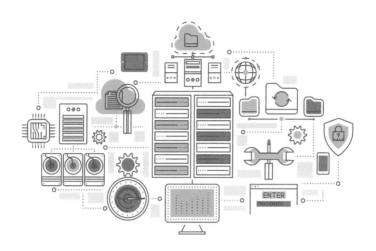

마지막으로 효율적인 냉방 방식을 찾아야 한다. 그동안 외부 찬 공기를 이용한 서버실 온도냉각 유도의 외기공조 방식 등에서 혁신적으로 변화하여야 할 것이다. 현재 가장 혁신적인 두가지 방식을 소개하겠다. 데이터센터 서버의 규모를 부하 상황에 따라 자동으로 조절하는 오토스케일 기술이다. 오토스케일 기술은 접속자 수에 따라 기존 서버의 가동부하를 높이고 나머지 유휴 상태의 서버는 휴면 상태로 바꿔 전력사용량을 절감하는 방식이다. 인공지능(AI) 냉각방식이다. 습도, 온도와 전력 데이터를 실시간으로 반영해 팬, 냉각 시스템, 창문 등 약 120개 변수를 조정하는 시스템이다.

최근 한국에도 데이터산업 비즈니스 기업들이 늘어나고 있으며 협의체도 만들어진 것으로 알고 있다. IDC Asia는 '유럽 데이터센터 에너지 효율성 행동 강령(European Code of Conduct for Data Centre Energy Efficiency)'을 제안하고 싶다. 이 강령은 계속 증가하는 데이터센터의 에너지 소비량에 대응하기 만들어진 자발적인 이니셔티브이다. 우리 대한민국의 데이터센터 비즈니스 기업들이 협력하여 전기에너지 효율성 증대에 함께 노력했으면 한다. 결국 이것이 데이터센터 비즈니스의 지속가능성장을 위한 핵심 전략인 것이다.

◆ 참고문헌 ◆

좋은정보사(2021). 글로벌 데이터센터 시장동향과 트렌드·사례분석 및 기업별 사업추진 동향.

한국데이터센터연합회(2019). 데이터센터 건축물 용도 신설에 따른 건축법령 개정에 관한 연구.

이민규, "건축물용도규정 여전히 미흡... 추가보완필요", 정보통신신문, 2020. 1. 30.

변상근, 김지선, "데이터센터에도 '전력계통영향평가' 도입...업계 "보완책 마련해야", 전자신문. 2021. 6. 17.